JN066087

超低リスクで軌道に乗せる
「個人M&A」入門

会社を買って、起業する。

HOW TO BUY
AND RUN A BUSINESS

五味田匡功
GOMITA Masayoshi

日本実業出版社

「知識」を身につければ誰でも会社は買える――はじめに

最近、テレビや雑誌、WEBメディアなどで、「個人で会社を買って起業した人」が紹介されることが増えてきました。その影響もあってか、個人で会社を買う「個人M&A」に興味を持つ人が増えています。本書を手に取ったあなたも、おそらくそのうちの1人ではないでしょうか。

実際に、会社を買って起業し、ビジネスや収入を好転させている人が増加しています。個人で会社を買っている人は、個人事業主など経営経験を持つ人たちだけではありません。普通の会社員や場合によっては主婦でも、小さな会社や飲食店・小売店を買って経営者となり、新たなキャリアを切り開いているのです。

本書のなかでもつぎのような成功例を紹介しています。

- ECサイトを1000万円で買って、2年で年商3000万円に育てた30代会社員
- ネイルサロンを買って、月100万円の売上を上げている定年退職前のシニア会社員
- FXツールの販売事業を売買して、3か月で100万円以上の利益を得た20代会社員

●焼き肉店を500万円で買って、年商5000万円の店舗にした30代元会社員
●健康食品・化粧品販売店を50万円で購入。さらに民泊事業も買うなど事業の多角化を進めている元会社役員

こうした事例を見ると、「自分でもできそう」「ゼロから起業するよりいいかも」「起業までは考えていないけど、副業としていいかも」などと思うかもしれません。

一方で、つぎのような疑問も浮かんでいるのではないでしょうか。

「会社ってそんなに簡単に買えるの？」
「会社ってどこで売っているの？」
「そもそも、なんで売りに出ているの？」
「いい会社を買うには、十分な資金を用意する必要があるのでは？」

こうした疑問に答えるべく、**個人M&Aの入門書として、基礎から実践におけるノウハウまでわかりやすく解説**しようと思ったのが、本書執筆のきっかけです。

結論からいうと、会社は誰でも買えます。スマホ1台あれば、ネットで売りに出ている

会社を手軽に探して買えるのです。いま、会社を売りたい人と買いたい人をマッチングする、M&Aマッチングサイトが増えています。まずは、本書でも紹介している「TRANBI（トランビ）」などのマッチングサイトをのぞいてみてください。さまざまな会社が数多く売りに出ていることに驚くでしょう。

売りに出ている会社のなかには、「承継者がおらず休業・廃業せざるを得ない。誰か引き継いでくれる人がいれば安く（場合によっては無償で）売りたい」という会社もたくさんあります。そんな会社のなかから、あなたの希望条件にマッチした案件を選んで相手側と交渉し、両者が合意すれば売買が成立するのです。

とはいえ、みなさんの多くは、「でも、失敗が怖い……」「相手側にだまされたりしない？」と不安に思っているのではないでしょうか。確かに会社を買うことには、さまざまなリスクもありますし、必ずしもうまくいくとは限りません。

そこで私が本書で提案したいのが、**「超友好的な方法」で会社を買う手法**です。単に「友好的に」ではなく「超友好的に」という点が非常に重要なポイントです。

「超友好的に会社を買う」とはどういうことでしょうか。

ひと言でいえば、「相手経営者と身内のように仲良くなってから会社を買う（事業承継する）」

ことです。**この手法で会社を買うことによって、M&Aにおいて発生するリスクをできるだけ低減させ、超低リスクで購入における交渉と購入後の経営を軌道に乗せることができる**のです。

もちろん、他のM&A手法と同様に「会社を冷静に見極める知識」も必要です。とくに「本当に買う価値のある会社か」「経営状態に問題はないか」「買ったあとにうまく経営できるか」などを事前にしっかりとチェックしておくことが欠かせません。そこで本書では、相手経営者との会話を通じた経営状態の良し悪しの見極め方や、決算書の数字の読み解き方など、経営未経験の人向けにチェックポイントをわかりやすく伝授しています。

私の本業は社労士（社会保険労務士）です。社労士としてこれまでさまざまなM&A案件を支援してきました。さらに、私自身も「超友好的な会社購入」の手法を用いて、自分が経営していた会社を他の経営者に譲渡したり、本業とは異なる分野の事業を買って（承継して）軌道に乗せたりする経験をしてきました。承継を「する側」「される側」両者の経験を活かして、現在、承継者不在の企業を事業承継し、発展させてくれる次代の担い手を育てる事業承継コンサルティングも行っています。

こうした経験を通して確信を持って言えることは「**超友好的な会社購入が、個人M&Aのベストな手法である**」ということです。

本書では、超友好的な会社購入の方法を、準備段階のマインドセット、買う会社を探す方法、会社を買うかどうかを判断する方法、リスクを洗い出す方法、株式購入の方法と購入資金の作り方、と順を追ってくわしく解説していきます。

これら各ステップにおいて、できるだけ具体的なイメージをつかんでもらうために、実例もできるだけ多く取り上げて解説していますので、経営未経験、M&A未経験の人にとって、やや専門的な内容でも容易に理解できるのではないかと自負しています。

みなさんは、「会社を買うこと」に興味を持っている段階で、まずは最初の関門をクリアしています。失敗に対する漠然とした「不安」は、正しい知識を持てば「具体的な課題」に変わります。本書で正しい知識を身につければ、きっと会社購入を低リスクで軌道に乗せられるでしょう。

本書が、みなさんにとって新たなキャリア開拓のための、また、これからの豊かな人生における大きな一歩を踏み出すきっかけになればうれしい限りです。

2021年11月

五味田　匡功

『会社を買って、起業する。超低リスクで軌道に乗せる「個人M＆A」入門』目次

CONTENTS

第1章 会社は「超友好的」に買うのがベスト

第2章 勝負は準備で8割決まる

第3章

「承継者のいない会社」を探す方法

第4章 「素人感覚」で会社を買うかどうかを判断する

第5章 経営者との食事で「実態」を把握する

第6章

「決算書の数字」で冷徹に判断する

第7章 「資料精査」でリスクを徹底的に洗い出す

第8章 株式購入の3ステップと購入資金の作り方

第9章 会社を買った後の経営者としての選択肢

カバーデザイン／井上新八
本文DTP／一企画

序章

どんな人がどんな会社を買っているのか？

個人で会社を買える時代がやってきた

■「個人M&Aブーム」が到来

近年、日本国内におけるM&A（企業の合併や買収）が活発化しており、新たな「M&Aブーム」が到来しているといわれています。そうしたなか、とくに注目を集めているのが、本書のテーマでもある「中小・零細企業のM&A」です。

こうした中小・零細企業のM&Aが増えている背景には、経営者の高齢化や承継者不足に加え、ビジネスの環境の変化が加速していることなどさまざまな要因があります。さらに、新型コロナウイルスの感染拡大も影響しています。**「事業継続が厳しいので、会社を譲渡・売却したい」という売り手側のニーズと同時に、「コロナ危機をチャンスと捉えて、M&Aを積極的に行いたい」という買い手側のニーズが高まっている**のです。

こうした状況のなか、会社員や個人事業主などが会社を買う「個人M&A」にも注目が集まっています。M&Aといえば、「大企業やグローバル企業による合併・買収」といったイメージを持つ人が多かったのではないでしょうか。

しかし、この後紹介する事例を読んでいただければわかりますが、いまや、個人がM&Aできる時代です。**企業（法人）ではなく個人が、飲食店や小売店など小規模な事業、とくに承継者がいない会社を買う「個人M&A」が増えているのです。**誰もが手軽にインターネット上で買いたい会社を探せる「M&Aマッチングサイト（プラットフォーム）」の登場も、そうした状況を後押ししています。

■「承継者不在」で困っている経営者は多い

いま多くの中小・零細企業が、会社を継いでくれる人がいない「承継者不在」という問題に直面しています。事業承継はビジネスシーンのみならず、日本社会全体にとっても、このまま放っておくわけにはいかない重要な課題なのです。

承継者がいない企業の経営者は、「いま社内にいる人材のなかで、見込みのある人を育てれば継いでくれるのか？」「これから入ってくる社員のなかに、継いでくれる人材がいないか？」「外部の人でもいいから、引き継いでくれる人はいないだろうか？」と頭を悩ませています。そして、なかなか解決策が見いだせないまま、ずるずると時間だけが過ぎていき、「いったい、どうしたらいいのだろう？」と、暗闇のなかで針のむしろに座り続けている心境なのです。

承継者が見つからない、おもに団塊の世代の高齢経営者は、自分の会社を引き継いでくれる人、いま置かれている状態から抜け出すために手を差しのべてくれる「救世主」が現れるのを待っているのです。

そこでみなさんに、提案したいのが、「承継者がいない会社を買って経営してみませんか？」ということです。もしかしたら、いまこの本を読んでいるあなたが、その「救世主」になれるかもしれないのです。

■承継者がいない会社を買うメリット

承継者がいない会社を買うことは、売り手側にとって大きなメリットがあるだけでなく、買い手側にもさまざまなメリットがあります。**「副業としての収益を得られる」「ゼロからのスタートよりも容易に独立・起業ができる」「購入後、その会社を育てて売却することで利益を得られる（＝投資目的）」「スピーディに事業拡大ができる」**などです。

なかでも、私は「投資」を主目的としたM＆Aに、今後さらに注目が集まると考えています。会社の購入には、不動産や株を買うのと同じように、「投資」という側面があり

承継者がいない会社を買うメリット

副業としての
収益を得られる

ゼロからのスタートよりも
容易に独立・起業できる

会社の価値を上げて
売却できる

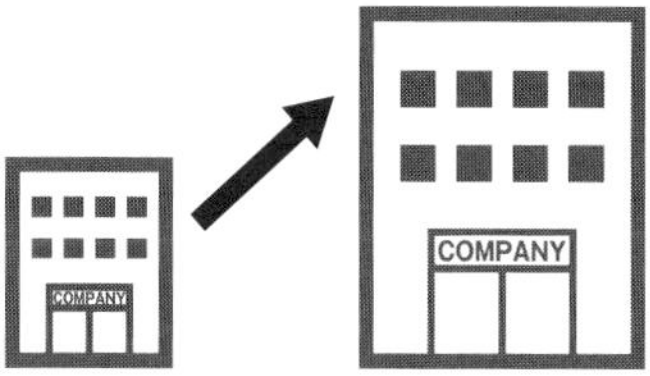

スピーディに
事業拡大ができる

ます。会社を安く買ってうまく経営し、価値を上げて売却すれば、大きな利益を得られる可能性があるのです。

承継者がいない会社を譲り受けることと、投資対象として購入後に売却することは矛盾すると感じるかもしれませんが、会社購入時に相手経営者としっかり話し合って了解・合意を得ておけば問題ないでしょう。

どんな投資にも、リターンと同時にリスクがあります。M&Aにも少なからずリスクはあります。M&Aがほかの投資と大きく異なるのは、「買った会社が値上がりするのか値下がりするのか（得するのか損するのか）は、自分次第」という点です。

つまり、**入念な準備をして、いい会社を選んで買い、うまく経営すれば、かなりの高確率でその会社の価値を上げることができる**のです。

その意味でM&Aは、「あなたの実力次第で価値が上がりも下がりもする、堅実な（リスクの低い）投資」といえます。承継者がいない会社を安く買って、うまく経営してバリューアップさせる。後は、経営者として受け取る収入（役員報酬）を増やしていくか、最終的に売却するかはあなた次第です。

ぜひ本書を参考に、売り手にも買い手にもメリットがあり、日本社会が抱える承継者不在問題の解決にもつながるM&Aにチャレンジしてみてはいかがでしょう。

会社員やフリーランスなど個人でも会社は買える

■身近なところに「会社を買うチャンス」はある

ここからは、最近実際に行われた、おもに個人M&Aの事例を紹介しつつ、会社を買うことのメリットやM&Aの意義を、会社員、個人事業主・スモールビジネスオーナー、士業・コンサルタントなど、ジャンル別に見ていくことにします。

まずは「会社員によるM&A」の事例から紹介します。

◎ECサイトをお客様から100万円で購入し2年で年商3000万円に育てる

WEB制作会社でディレクターとして働く30代のAさんは、転職前の会社で担当していた会社から久しぶりに連絡をもらったことがきっかけで、会社員でありながら法人を所有することになった。Ａさんが支援した文具メーカーが運営していた画材を取り扱うＥＣサイトを運営できる人材が社内にいなくなったので、「せっかくがんばってくれたのに申し訳なかった」とお詫びの連絡をもらった。食事に行くことになり、いろいろ話しているうちに、自分で運営できそうと感じたため、１００万円でＥＣサイトを購入することを打診。当時の年商が１０００万円前後であり閉鎖をしようとしていたことから、その場で売買の契約が口頭で成立した。

その後、ＡさんはＷＥＢ制作会社で培ったノウハウを駆使して、売上を向上させ2年で年商３０００万円に向上させました。画材は利益率が高くないためそれほど多くの利益が残らないものの、会社から給与として受け取る年収とほぼ同額の６００万円の役員報酬を受け取っている。Ａさんは同じように自分で買い取って運営できるＥＣサイトを今後も増やしていく予定。

◎無店舗型のお好み焼き屋を無料で引き継いで月々約30万円の副収入を確保

飲食店に勤務するＢさんは、ウーバーイーツや出前館での商品登録、販売促進を担当している。もともと外食好きで常連として通っていたお好み焼き屋さんが運営している無店舗型・宅配式のお好み焼き屋が、業績不振で撤退することを聞いた。

そのお好み焼き屋は広島風でおいしく、コストパフォーマンスがいいと評判で店舗は賑わっているので、不思議に思い、サイトを確認した。掲載している商品の写真、値付け、オプション設定など、工夫すべきところを工夫していないことが自身の経験からわかった。それをオーナー兼店長に指摘したところ、それならBさんが運営してみてはどうかと話が進んだ。

無償で機材・備品は引き継げる、家賃は5万円、調理は店舗で完成させた料理を温めるオペレーションだったことからリスクがそれほど高くないと判断し、ダメなら半年でやめればいいという気持ちで事業をスタート。自分の仕事が終わる20時以降に自身で運営し、半年で受注が安定してきたことからバイトを入れて、BさんはWEB集客だけに従事する形に移行。購入前の月商は30万円前後だったが、Bさんがテコ入れしてからの月商は150万円前後となり、あまり労力をかけずに月30万円程度の収入を得られている。やがて自分のお店を持つさいの軍資金を生み出す事業として、今後も成長させていく予定。

この2つの事例は自身が勤める会社のノウハウと、「たまたまのチャンス」を活かした事例に思えるかもしれません。しかし、その認識は誤りで、チャンスは自分で能動的に作ることができます。本書では、そのノウハウを紹介します。

■「M&Aマッチングサイト」で購入することもできる

つぎに挙げる2つの事例は「TRANBI（トランビ）」というM&Aマッチングサイトを介して成立したものです。最近こうしたM&Aマッチングサイトで買いたい会社を探す人が増えていて、一定の資金があれば会社員であっても気軽に会社を所有できます。

◎「ネイルサロン」を買ったシニア男性会社員

九州に住むシニアの男性会社員Cさんは、長年、製造業の成形工場に勤めていた。あと数年で定年退職というタイミングで、その後の収入源も見すえた副業を考え始めたのが会社購入のきっかけ。

まずは「投資」という観点で、経営未経験でもうまく経営できそうな「運営者がすでにいる事業や利益率が高い事業」を探そうと、民泊や美容関係を中心にリサーチ。結局、30代女性オーナーが持っていたネイルサロン（2店舗）を購入した。購入資金は金融機関からの融資で調達。融資を受けるためにインターネットや本で調べ、独学で事業計画書を作成したという。

購入前に実際に店舗を見学し、「きれいで印象もよく、ワンルームで経営していて賃料が売上の4％程度。時間単価5000円と効率がよく、利益率30％以上。順調に経営が回っている状態」という点が、購入の決め手となった。

もともと年間売上が2500万円程度あったが、コロナ禍で以前より売上は落ちた。現在の売上は少し好転し、月100万円ほど。「コロナが収束すれば回復するはず」と期待している。

◎「FXツールの販売事業」を買った20代会社員

IT系企業で働く入社2年目の会社員田中康雅さん（24歳）。入社1年目のときに、「お金があれば好きなことに挑戦できる」と、とりあえず100万円を貯金。その後、「M&Aのプラットフォームも増え、誰でもスマホ1つで事業が買える時代になってきた」と個人M&Aに興味を持ち、副業・投資を目的に購入する会社を探し始めた。

案件を探すときにチェックしたのは「労働集約性の低さと固定費の安さ」。「本業があり、べったりと張りついていてできるわけではないので、労働集約性の低さは重要。また固定費を安くして、売上が立たないときに大きな赤字を背負うリスクを抑えることも大事だと考えた」と田中さん。最終的にFXツールの販売事業を約72万円で購入した。

しかし実際にやってみた結果、熱意を注げる事業でないと長期的に経営していくことは難しいと感じ、購入後約３か月で事業を売却。「結果的に、３か月で約44万円の売上を立て、約１３１万円で譲渡したので、約１０３万円稼ぐことができた」とのこと。

（くわしくは、tranbi.com/school/successful/detail/?id=46 参照）

さて、紹介したＭ＆Ａの事例を見て、「自分にもできそう！」と感じていただけたでしょうか。**会社員などの個人が会社を買う場合の一番のメリットは、「副業**（または投資）**として収入源を増やし、収入をアップできる」**ことです。

■会社員でも経営できる事業・方法はいくらでもある

ここで、多くのみなさんは、「会社を購入できても、いまの本業を続けながら別の会社を経営するなんて、とても無理」と思うかもしれません。

しかし、先に挙げた事例のように、**「業務を自動化する」「運営を他者に任せる」**などで、**自分の時間を割かなくても会社運営ができる事業、方法はいくらでもあります。**自分が運営に時間を割かなくても回る事業を安い金額で買って、月々５万円でも10万円でも収益が上がれば、十分効率のいい副業として成立するでしょう。

ある程度、大きな規模の会社であっても、組織体制がしっかりしていれば、会社に勤めながらでも経営ができます。当然、自分が社長として現場に出て最前線で営業活動しないと回らない会社なら、経営することは難しいでしょう。しかし、自分が現場に常駐しなくても経営が回れば、役員会に出る、定点観測して改善点をアドバイスする、といった程度の関わり方で十分経営できるのです。

会社を買って本業を上回る収入が得られるようになれば、「いま勤めている会社を辞めて独立する」という選択肢もできて、新たなキャリアが開けます。M&Aで独立するのは、ゼロから起業するよりもリスクが小さく、経営を軌道に乗せるスピードも速いので、これから独立・起業しようとしている人にとってはお勧めです。

リスクが小さいといえるのは、「すでに経営が成り立っている事業」を購入するからです。ゼロから起業する場合は、短期間で経営を成り立たせられるか否かは、やってみないとわかりません。しかし会社を購入する場合なら、十分に吟味検討していい会社を買い、もし何か問題点があれば改善すればいいだけの話です。

立ち上げ資金の面で見ても、たとえば飲食店を開く場合、ゼロからオープンするのであれば、通常、最低でも数千万円かかります。一方、売りに出ている店を買って引き継ぐ形なら、数百万円など少ない資金で店舗経営をスタートできます。

また、フリーランスや個人事業主として仕事をしている人にとっても、会社購入は、スピーディなステップアップのための一選択肢となるでしょう。いまやっている仕事を長い年月をかけて事業拡大していき、将来的に法人化を目指すよりも、すでにある会社を買ってしまったほうが近道だからです。

■キャリアの選択肢としての「個人M&A」

「個人M&A」によって1つの収入源に頼らない状態を作れば、経済的にも精神的にも豊かな人生が送れるのではないでしょうか。またM&Aは、これまでの「転職」「ゼロからの起業」といった選択肢に代わる、新たなキャリアアップの選択肢となります。

これから、AIの発達・普及によって、いまある多くの職業が消えていくといわれています。自分が属している業種や職種が、この先もずっとあり続けるとは限りません。「今後この事業がうまくいきそうだ」「これは成長業種では?」と思うものがあれば、そちらに軸足を置いて事業を広げていく。そうした仕事の仕方が、この変化の激しい時代における生き残り戦略といえるのではないでしょうか。

スモールビジネスオーナーは事業拡大のチャンス！

■これまで培ったビジネスの感覚やスキルを活かせる

つぎに紹介するのは、個人事業主やスモールビジネスオーナーによる会社購入の事例です。すでに屋号を持って事業を行っている個人や、スモールビジネスオーナーの間でも、M&Aにチャレンジする人が増えています。

◎ペットサロンオーナー兼店長が飲食店を引き継ぎ年商5000万円の人気店に育てる

ペットサロンのオーナー兼店長を務めるEさんは、無類の犬好き。犬好きが高じて、トリマーになり、個人事業主としてお店をオープン。

年商は2000万円と大きくはないものの大好きな犬と触れ合いながら、犬好きのお客様とのコミュニケーションを楽しみながら日々を過ごしていた。

Eさんの店舗の近くではペット同伴ができるカフェが少なく、散歩のついでに立ち寄れるペット同伴可のカフェを愛用していた。そのカフェのオーナーも犬を飼っており、Eさんのお店にも通ってくれていたため、家族ぐるみの付き合いをしていた。

Eさんはそのカフェをよく利用していたが、基本的に空いていたのが気になり、経営が成り立っているのか心配していたところ、「実は経営がしんどく、店を閉めようと思っている」と相談を受けた。やっぱりと思った半面、お店がなくなるとペット好きの人たちに憩いの場がなくなるのではと危惧し、ペットサロンの顧客で飲食店を経営している人に相談したところ、「支援してあげるので、Eさんが自分でやってみたら」と言われ、悩んだものの1000万円を買収代金として支払って引き継ぐことに。

それまではペット同伴が可能なことをあまりアピールしていなかったが、ペット同伴OKであることを大々的に打ち出して、イベントなどを実施し、犬好きの人たちが集まれる場所であることを、ペットサロンのお客様を中心に宣伝した。

たまたま近くに公園があったことから、散歩コースの1つとして成立し始めた。以前は年商2000万円前後だったものが、ペットグッズ販売も入れて年商5000万円の人気店に成長しており、本業であるペットサロンもカフェの近くに1店舗増やして業績好調と、相乗効果を生み出している。

◎隣の焼肉店を譲り受けたラーメン店が人気店となり、売上が1・5倍に

10年間同じ場所でラーメン店を運営するFさん。その隣にある焼肉店は創業70年以上の老舗で知る人ぞ知る名店であるものの、店主が高齢化し、平日のランチ時間しか店を開けていなかった。インターネットでの告知・宣伝もできないため、業績はFさんから見ても悪そうだとは感じていた。Fさんは焼肉店のファンであったため、時間に余裕があればランチを食べに行っていたことから、仲良くしていた。

ある日、「お店を閉めようと考えているが、お店の味が誰にも引き継がれないのは寂しいし、昔から食べに来てくれるお客様に申し訳ないので、引き継いで欲しい」と打診された。

設備の老朽化がかなり進んでいることと、かつては人気店だったものの、いまはランチ営業のみで客離れが進んでいたため、「責任を持って承継できないので、お断りします」と伝えたものの、お店がなくなるのは忍びないし、その店主の思いもわかるので、知り合いで承継してもらえる人がいないかを探した。ただ、結局引き継ぐ人が見つからず、その物件の建物と土地が焼肉店店主のものであったため、器具・備品はそのまま利用させてもらうこと、1年間無料で賃貸させてもらうことを条件に、無償で焼肉店を引き継

いだ。

焼肉店は仕込みをしておけば、お客が自身で焼いてくれるためオペレーションがそれほど難しくなく、アルバイトで回せるため、引き継いで半年でランチだけではなく、ディナータイムも営業を開始。飲食店を2店舗運営することの効率性は心配していたものの、人員や材料が共有できることが多く、インターネットで焼肉店の宣伝をしたところかつてのファン層が戻ってきてくれて、次回ラーメン店に来店してくれるといった相乗効果が生まれ、ラーメン店の月商が400万円前後から600万円になった。

◎「自習室」を買った40代個人事業主

個人事業主のGさん（40代）は、「コロナ禍のいま、自宅にこもりきりで作業するのは辛いと感じている会社員が多い。そういった状況から、まだまだ自習室の需要はあるはず」と考え、副業目的で自習室の売り案件を探していた（予算は100万円から250万円くらい）。

Gさんが自習室に目をつけたのは「自分の事務所として利用でき、その場所で収益が上がるなら、さらにいい」「レンタルスペース事業では多くの収益は期待しにくいが、一般的な飲食店などと比べ、運営の手間がほとんどなく人件費もかからない。低コスト低リターンで経営できる」という判断もあった。

最終的に、自習室を見つけて購入したGさん。「現在、実働会員が100人ほど。朝の5時から夜11時までオープンしていて、その間ずっと満席になっている状態を100%とすると、計算上は25%以上の稼働で利益が出ることになる。現在、約10%の稼働率のため完全に赤字の状態だが、黒字化を目指して奮闘中」とのこと。

◎「老舗旅館」を買った40代個人事業主

大学の工学部を卒業後、大手シンクタンクに就職したHさん（46歳）は、コンサルティングファームに転職した後、飲食店経営支援や妻のクリニック経営に従事。経営のかたわら、個人で歴史の長い福島の老舗旅館を購入した。

Hさんは、「そもそも45歳になったら自分のやりたいことをしようと思っていた。退職後に訪れる場所を自分で持ちたかった。売り手側も後継者がおらず困っており、買い手がつかなければつぶれるという状況だった。コロナの影響は大きいが、こういう状況はいつか終わりがくる。いまは内装を変えるなどの投資をして需要が増加するのを待っている」と言う。

個人M&AについてHさんは、「事業承継なら昔よりは機会も増えていて、個人で

M&Aをすることのハードルは下がってきている。後はその事業を受け継ぐ覚悟を持ってできるかどうかだと思う。M&Aがやりやすくなっただけで経営が簡単になったわけではないことに留意しつつ、自分がしたいものにマッチしているものをどう選ぶか、というところに気をつけていくといいのでは」とのこと。

ここで紹介した事例からもわかるように、個人事業主やスモールビジネスオーナーによる個人M&Aも、副業として、事業拡大・多角化など、その目的はさまざまです。これまで培ったビジネスの経験やスキルを活かせるのでお勧めです。

■会社が保有する「経営資源」を短期間で入手できる

個人事業主やスモールビジネスオーナーにとって、会社を買う一番のメリットは「既存事業のみで事業拡大するよりも、早く、安く、確実に事業拡大できる」ことです。

多くの場合、購入する会社が持っている「取引先リスト」「データベース」「商品やサービス」「ノウハウ」「人材」などの経営資源をそのまま引き継げるからです。「顧客リスト」をそのままもらえれば、一から営業しなくてもすみますし、「従業員」を引き継ぐことができれば、人材採用や育成の手間と費用を省けます。

会社が事業拡大を目指す場合、とくに重要な要素は「顧客リスト」と「コンテンツ（商品、サービス）」と「人材」です。会社を購入すれば、それらがすべて手に入り、短期間で効率よく収益を上げることが可能です。顧客開拓も人材育成も、もちろん時間をかければできますが、会社を買えばその時間を省けます。つまり、**「会社を買う＝時間を買うことである」**ともいえるのです。

さらに次々とM＆Aを仕かければ、スピーディに経営を多角化できます。前述したように、経営の多角化は、「ある事業がうまくいかなくても、ほかの事業でうまくいけばいい」という、これからの時代の生き残り戦略となります。

■同時に複数の会社を経営するメリット

一方、M＆Aによって同時に複数の会社を経営することによるメリットがあります。

1つのメリットは「**会社ごと**（事業ごと）**に、使い分けられる**」ことです。

たとえば、「この会社は、しっかりと利益を出す会社にする。こっちの会社は利益が出なくても、知名度を上げるための会社であればいい」といったように、それぞれ異なる目的で経営ができるのです。

1つの会社のなかでも、「この商品・サービスでは利益を出す。こちらはあまり利益が出なくても、自分がやりたいからやる（または将来性を見据えてやる）」といったことがあるはずです。会社を複数経営していれば、それが会社別にできてしまうわけです。本業の事業を持っていて、利益はそちらで上げ、個人的な趣味嗜好で飲食店を経営している、といったケースも最近よく見受けられます。

もう1つのメリットは、**「事業相互のシナジー（相乗効果）を生むことによって、効率よく収益をアップできる」**ことです。

たとえば、私の本業は社労士（社会保険労務士）ですが、ある研修会社を買ってそちらも経営しています。いろいろな会社へ研修サービスを提供する営業活動を通じて、社労士顧問の仕事が獲得できる一方、社労士事務所の顧客に研修サービスも提案できます。

こうしたシナジーを創出できれば、1人あたりの顧客獲得コストが少なくてすみますし、研修会社では利益が出なくても、社労士としての仕事で利益が出ればOK、という考え方もできます。

スモールビジネスオーナーが事業の拡大、多角化を目指すなら、こうした「事業間の連携によるシナジー効果」を念頭においたM＆Aを目指すといいでしょう。「この会社の顧客リストに対して、いまある自社の商品を宣伝したらもっと売れるはず」、逆に「いまある自社の顧客リストに対して、この会社のコンテンツ、サービスを宣伝したらもっと売れるだろう」といった発想で、購入する会社を選ぶのです。

士業・コンサルタントは腕の見せ所

Ｍ＆Ａの事例として最後に紹介するのは、士業やコンサルタントによる会社購入です。実際に私もその1人なのですが、近年、個人で開業している士業、コンサルタントが会社を購入するケースが増えています。その背景には、「士業やコンサルタントのＭ＆Ａには、ほかの職種にはないメリットやアドバンテージ（優位性）がある」のですが、それについては後述します。

私が購入したのは、1978年の創業以来、40年以上にわたって禅寺での社員研修や幹部研修を行ってきた「クリエイトマネジメント協会」という大阪の会社です。

社長の谷口碩志《みつゆき》さんは、諸事情により、この会社を売りたいと思っていましたが、なかなか買い手が見つかりませんでした。そんなとき、私と谷口さんの共通の知人から、「五味田さん、こういう会社があるのですが、買いませんか？」と声をかけられたのです。

私は以前から、「地元の大阪で、歴史が古くて、企業相手に研修をたくさん行っている会社」を買いたいと思っていました。そういう会社なら、顧客リストもたくさん持っていて、社労士事務所としての業績を伸ばせるのではないか、と考えたからです。

クリエイトマネジメント協会は、1万件以上の顧客リストを持っていました。私は、「お寺で研修をするくらいの会社だから、かなり教育熱心な会社に違いない。教育熱心な会社は人を大切にしているので、社労士事務所と相性がいい（社労士顧問が入りやすい）はず」と考えました。実際そのとおりで、同社の購入は私の社労士としての事業拡大につながったのです。

ここからは、ほかの士業による「M&A」の事例を紹介しましょう。

◎「美容室」を買った40代行政書士

東京・銀座で行政書士法人の代表を務めるIさん。19歳のとき、栃木県で美容室を経営していた母が病気で他界し、その後、別の経営者が店を継ぐことになった。ところが、20年余り経営を続けてくれたその経営者が高齢のため退職し、店も閉めることに。

しかし、「父母の思い出が残る美容室を何とか残したい」という思いから、Iさんは自らが経営者となって美容室を再開することを決意し、現オーナーから無償で店舗を購入。新たにスタッフも雇い、美容室を再開した。また店舗だけでなく、同時に美容室の入っているビルも購入し、ビル内の他のスペースには、自身の行政書士事務所（支店）やコワーキングスペースも開設して経営にあたっている。美容室を買った結果、認知が広まり本業にも好影響が出て、以前は2000万円だった年収が2800万円に増えたとのこと。

◎「焼肉店」を買った30代飲食コンサルタント

ある大手コンサルティング会社で働いていた飲食店経営コンサルタントＪさんは、焼肉店経営に特化したコンサルティング会社を設立して独立。それと同時に、承継者がおらず閉鎖に追い込まれそうになっていた、肉の小売も行う「焼肉店」を500万円で購入。店舗、メニュー、仕入先、従業員を引き継ぐ形で経営をスタートさせた。

以前から実店舗の経営をしたいと考えていたＪさん。そこには、「コンサルタントとして経営支援しているだけではダメだ。実際に自分で店を経営し、結果を出すことでコンサルタントとしての力を形にし、自身のコンサル業務に説得力を持たせたい」という思いがあった。

会社購入後、Jさんは本業のコンサル業務で培った知識と経験を活かして経営手腕をふるい、年商にして1・5倍（5000万円）の繁盛店へと成長させた。いままでは「他人にコンサルティングするノウハウがあるなら、自分で経営したらどうか」といった嫌味を言われることがあり、また自身としても後ろめたい部分もあったが、いまは自信を持ってコンサルティングできるようになり、コンサルタントとしての年商も2000万円から3500万円と1・75倍になっている。

◎「健康食品・化粧品販売店」を買ったコンサルタント

広告デザイン関連の会社で執行役員を務めていたKさんは、退職後に会社を設立し、1人でコンサルティング業務を請け負っている。事業拡大・多角化を目的としたM&Aに興味を持ち、100万円以内でいい事業はないかと探し、健康食品・化粧品販売を営む事業の売却案件を見つけて50万円で購入。「最初は収支がトントンでもいい。将来的には10程度の事業を購入して、何かの事業がダメでも違う事業で補える形で、トータルで利益を出していきたい」とのこと。

ほかにも、民泊事業を購入。「今回のコロナ禍のように、外部環境でいきなり何かの事業がダメになるリスクはつねにある。別の何かで生き残れるように、事業を多角化することの必要性を感じている」という。

■士業・コンサルタントの「アドバンテージ」とは

本項冒頭で、「士業やコンサルタントのM&Aには、ほかの職種にはないメリットやアドバンテージ（優位性）がある」と述べました。それはつぎのようなものです。

①もともと契約している顧客の状況をよく理解しているため優良企業を選別できる
②士業・コンサルタントとしての仕事に説得力が出る
③自身が現場に立たなくても、コンサルティングノウハウを活かして経営できる

それぞれ順番に説明していきます。

①もともと契約している顧客の状況をよく理解しているため優良企業を選別できる

まず、①の「もともと契約している顧客の状況をよく理解しているため優良企業を選別できる」から見ていきましょう。これは士業・コンサルタントによるM&Aにおいて、非常に重要なポイントです。

通常、会社を買うさいには、承継者がいない会社探しから始まり、その会社の経営状態はどうか、どんな経営者でどんな企業風土かなど、さまざまな情報を収集し、時間をかけて調査・分析する必要があります。しかし、税理士、社労士、弁護士、公認会計士など士業の多くは、基本的に顧問契約をしていて継続的に顧客企業と関わっているので、そうしたことを調べるまでもなく熟知しています。「どの会社に承継者がいないか」「経営者の人柄や社風」「どの会社が業績を伸ばしているか（または悪化しているか）」などがすべてわかっているのです。

したがって士業は、顧客の状況をよくわかったうえで「この会社なら買っても失敗はないだろう」と判断した会社を慎重に選んで買うことができます。このアドバンテージを活かさない理由はありません。

一方、コンサルティング業に従事している人も、士業と同様にいろいろな会社に入り込んで仕事をしているケースが多いので、M＆Aにおいて士業同様のアドバンテージを持っているといえます。とくに、飲食店経営、小売店経営など業種に特化して、店舗運営やメニュー設計、採用などトータルにコンサルしている人はチャンス（有利）です。また士業やコンサルタントは、相手企業からすでに信頼・信用を獲得している状態なので、会社売買の交渉を進めるうえでも圧倒的な強みがあります。

② 士業・コンサルタントとしての仕事に説得力が出る

つぎに、②の「士業、コンサルタントとしての仕事に説得力が出る」についてです。これは、先ほど事例に挙げた『焼肉店』を買った30代飲食コンサルタントJさん」がいい例です。

多額の報酬を払ってコンサルティングを受けている中小企業経営者からしたら、心のなかで「彼は偉そうに経営コンサルしているけれど、自分では実際に経営をしていない。本当に言っていることが正しいのだろうか？」と思っているかもしれません。そういう意味で、士業やコンサルタントが実際に自分で会社オーナーとなり、経営手腕をふるって成果を出すことができれば、これ以上の説得力はありません。

スポーツの世界では「名選手、名監督にあらず」といいます。「教えることと、実際にやることは別物」という意味ですが、選手としても一流で、かつ監督としても優れた能力を発揮できれば、それが理想です。士業やコンサルタントが会社経営するのは、監督としての評価が高い人が、実際に選手としてプレーして実力を発揮してみせるようなものです。

その意味で、士業やコンサルタントが会社を買って経営するのは、顧客に対する説得力、信用・信頼度を高める有効な手段です。一方、自身にとってはコンサルティングノウハウを実践で試す、ある種の「効果検証」の場にもなるはずです。

③ 自身が現場に立たなくても、コンサルティングノウハウを活かして経営できる

最後に、③の「自身が現場に立たなくても、コンサルティングノウハウを活かして経営できる」についてです。

前述したように、本業を持ちながら会社を買って経営する場合、自分が経営の現場に立たなくても経営が回る体制が構築できればベストです。そしてここでも、士業やコンサルタントの優位性が活かされます。それは、「コンサルティングノウハウ（＝専門知識やスキル）を活かして、自分が現場でがんばらなくても経営できる可能性」が高いことです。

これも、前述の焼肉店を買ったJさんがいい例です。Jさんは、焼肉店経営のエキスパートです。どうやったら、いかに効率的に、人手をかけずに店の運営・経営が回るかを熟知しています。その知見を活かしたからこそ、自分が店に出なくてもうまく店舗運営ができる体制を作って繁盛店にできたのです。逆に、それができなければコンサルタントとしての能力が疑われてしまいます。

士業やコンサルタントにとっても、M＆Aは別事業を一から作らなくても事業の多角化ができるので、生き残り戦略として有効です。その点では、ほかの個人事業主やスモールビジネスオーナーと同様ですが、ここで強調しておきたいのは、「M＆Aは、士業やコ

ンサルタントにこそお勧めしたい」ということです。

いま国は、これまで士業が担ってきた仕事（国や地方公共団体等への手続きや申請の代行業務）を、インターネット上で個人や企業が直接、行政とやり取りできる「デジタルガバメント構想」を推進しています。今後こうしたデジタル化が進めば、間に士業を挟む必要がなくなります。士業は従来の職域だけにとどまることなく、新しい職種・事業にも手を広げていかないと生き残れないでしょう。

その意味で、M&Aで新たな事業に取り組むことは非常に有意義なことです。M&Aは、いまの仕事のやり方に行き詰まっている士業やコンサルタントにとって、新しい突破口となるはずです。

ここまで紹介したさまざまな事例を見てもわかるように、会社を買う目的は、「副業」「投資」「独立・起業」「親族の事業承継」「事業拡大・多角化」などさまざまです。また、M&Aを行うことによって生じるメリットも、それぞれの目的によって異なります。まずは、ここで紹介したさまざま事例から、どんな人がどんな目的で、どんな会社を買っているのか。個人で会社を買うとはどういうことか、など個人による会社購入の具体的なイメージをつかんでいただけたら幸いです。

会社を買うことのリスク

ここまで、おもに個人によるM&Aのメリットを中心に見てきました。一方で、個人による会社購入には、さまざまなリスクもあります。ここでは、その点にフォーカスして見ていきましょう。本書では、ここで説明するリスクを極力抑えつつ、それぞれの目的を実現する方法を解説していきますので、まずはどんなリスクがあるのかを、しっかりと把握してください。

個人による会社購入のおもなリスクは、つぎのようなものです。

① 収入面での安定性が保障されない（がんばって働いた分だけお金をもらえるわけではない）
② 買った会社が必ずうまくいくとは限らない
③ 経営状態の悪い会社を買うと、立て直すための人・金が大量に必要となり、収益性が極端に悪くなることがある

④　会社の借入を返せない場合は、個人のお金で補填して支払うことも起こり得る
⑤　別事業を運営することで本業が疎かになり、本末転倒になってしまうことがある
⑥　自分以外に起因する不祥事や問題の発生で、会社が大きな損失をこうむる場合がある

では、ここに挙げたリスクについて１つひとつ見ていきましょう。

①　収入面での安定性が保障されない（がんばって働いた分だけお金をもらえるわけではない）

会社員のように企業に雇用されて働く場合、被雇用者は基本的に決められた労働時間に縛られて働かなくてはなりません。ある意味、自分の時間を売って、その対価として給料をもらっているといってもいいでしょう。一方、残業したり休日出勤したりと、「たくさん働けば働いた分、お金がもらえる」「毎月、契約上決まっている収入（安定収入）が得られる」のが雇用契約におけるメリットです。

しかし、会社を買って経営者になり、どんなにがんばって働いたとしても、会社員のときのように働いた分（時間）だけお金がもらえるわけではありません。経営者は、がんばって経営して売上と利益を上げ、その利益のなかから自分が受け取るお金（報酬）を得られます。したがって、会社の利益が大きければより多くの報酬を得られますが、利益があまり出なければ報酬も減ってしまいます。

つまり、会社を買って経営者になることは、「完全歩合制の会社に就職する」のと同じ状態になることであり、収入面での安定性が保障されないリスクがあるのです。

② 買った会社が必ずうまくいくとは限らない

たとえば業績のいい焼肉店を買って引き継いだとします。最初はお客さんもたくさん入って経営がうまく回っていても、その後、近くに別の焼肉店が出店。競合にお客さんを取られ売上が急降下し経営難に陥る、といったことは珍しいことではありません。

飲食店に限らず、今回のコロナ禍のような誰も予想しなかった大きな社会的変化や突発的な災害などによって客足が遠のいてしまい、事業が頓挫してしまう可能性もあります。

つまり、「いくら経営状態がいい会社を買っても、その後も継続的、長期的に経営が必ずうまくいくとは限らない」のです。

会社購入にこうした不確実性があることは、飲食店や小売店のようなＢｔｏＣビジネスだけでなく、ＢｔｏＢビジネスでも同様です。会社を購入した直後には気になる競合がいなくても、購入後何年か経ってから強力な競合が出てくる可能性もあります。会社経営は、いまがうまくいっているからといって、未来永劫うまくいくわけではないのです。

③ 経営状態の悪い会社を買うと、立て直すための人・金が大量に必要になり、収益性が極端に悪くなることがある

経営状態が悪い会社を買うと、経営を立て直すために苦労する場合があります。買った会社をつぶすわけにはいかないので、人が足りなければ人を、経営資金が足りなければ資金を投入しなければなりません。しかし、資金投入しても、確実に経営を立て直せるかどうかはわかりません。たとえば飲食店なら、食材の仕入値が急に上がるかもしれませんし、予想外の要因で人件費が大幅に増えるかもしれません。仕入値や人件費が増えることで、収益性が極端に悪くなる可能性もあります。

資金投入して経営状態がよくなればいいのですが、どんどん悪くなり、最終的に事業継続が難しくなる場合もあります。

④ 会社の借入を返せない場合は、個人のお金で補填して支払うことも起こり得る

一般的に、会社は金融機関などから経営のための資金を借入（借金）しています。そして会社が借入をするときには、通常、経営者が個人として借入に対する連帯保証人になります。つまり、会社が借金を返せない場合は、会社に代わって社長が個人で支払わないと

いけないのです。

買った会社が、もし借入などの負債を抱えたまま倒産してしまったら、社長は自分の個人資産（車、家、株式など）を現金化して返済に充てなければなりません。または、最悪の場合「自己破産」という事態になることも考えられます。

⑤　別事業を運営することで本業が疎かになり、本末転倒になってしまうことがある

会社員が、副業・投資目的で会社を購入したり、個人事業主やスモールビジネスオーナーが本業とは別の事業を購入する場合、その会社の運営に気を取られてしまい、本業が疎かになってしまうことがあります。買った会社の経営がうまくいかず、それまでうまくいっていた本業の足を大きく引っ張ってしまったら本末転倒です。

会社を買うさいには「本業に悪影響を与えずに確実に運営できるか」「本業の不利益になるようなことがなく、確実に利益を上げられるか」などを確認し、会社購入後も本業を疎かにしないよう気をつける必要があります。

⑥　自分以外に起因する不祥事や問題の発生で、会社が大きな損失をこうむる場合がある

会社員など雇用されて働いている場合、自分が関わっている仕事で何か失敗をして会社に損失や損害を与えてしまっても、（法に触れるような事案でない限り）個人がその損失や損害を補填・補償することはないでしょう。もし個人が責任を負うことになったとしても、最悪、辞職するなどですむはずです。

しかし、会社を買って経営者になれば、経営上何か大きなトラブルが発生したとき、経営者の責任が問われるだけでなく、金銭的損失が生じた場合は経営者自らが損失補填しなければならないケースも出てきます。

また、いくらうまく経営して、いい業績を上げていても、「従業員が不正など重大な問題を起こした」「飲食店で食中毒が発生した」「担当者が、関係会社や顧客との間でトラブルを起こした」など想定外の問題が発生することがあります。そうした問題により、会社のブランドや信用力が棄損・下落し、売上が大幅に下がってしまうだけでなく、最悪の場合、経営が破綻してしまう可能性すらあります。

会社経営では、どんなに気をつけていても、自分以外の人間（ほかの役員や従業員など）に起因するトラブル、つまり自身でコントロールできないトラブルが、事業に大きな打撃を与えるリスクがあるのです。何か問題が起こったらすべて経営者である自分に降りかかってきます。会社を買って経営することには、そうした大きなリスクが伴うことを認識しておくべきでしょう。

以上、個人による会社購入のリスクを紹介しましたが、こうしたリスクがあるとはいえ、M＆Aは副業や投資として、事業拡大の手法として、そして何よりもこれからの時代の生き残り戦略として有効です。ただし、ここでキーポイントとなるのは、「買う前にいい会社かどうかをしっかり見定めることができれば」という前提条件があることです。

M＆Aの成否を分けるのは、「いかに経営力があるか」よりも、「いかにいい会社であるかを見定め、いい形で引き継ぐか」です。会社を買って成功するには、もちろん経営力も必要です。しかし、どちらかというと、「どういう関係性（敵対的か、友好的かなど）において、どんな会社を買うか」が重要なのです。これは極論かもしれませんが、「経営能力が低くても、いい会社を、相手といい関係で購入できればうまくいく」のです。

結局、M＆Aの肝になるのは「いい会社の見定め方」です。本書で、M＆Aにおいて最も重要な「いい会社の見定め方」の解説に、より多くの紙面を割いているのは、そのためです。その点については追ってくわしく説明していきますので、ぜひ、そちらを参考にしながら、「成功するM＆A」のポイントを学んでください。

序章まとめ

▶個人で会社が買える時代、その背景や具体的な手法を知らないと機会損失になる

▶会社員やフリーランスなどの個人こそ、会社を買って低予算・低リスクで起業するべき

▶スモールビジネスオーナー、士業・コンサルタントは、アドバンテージを活かして事業を拡大するチャンス

▶１つの職業、会社だけに特化することこそがリスクであるからこそ、会社を買う

第1章

会社は「超友好的」に買うのがベスト

3分でわかる「会社売買」のポイント

■会社売買はネットオークションと原理は同じ

本章では、本書のメインテーマである「超友好的な会社購入」とはどのようなものか、を中心に解説しますが、その前に、会社売買において押さえておくべきポイントを簡単に説明しておきます。

最初に知っておいてほしいのは、**会社売買は「ヤフオク！」や「メルカリ」のようなインターネットオークションと原理は同じ**だということです。一般的に「会社を売る（買う）」といわれてもピンとこない人が多いかもしれませんが、会社も誰かの所有物です。本や電化製品、車などと一緒で、売りたい人と買いたい人がいて、お互いの希望や要望がマッチすれば売買が成立します。売買価格も、売り手と買い手の価格交渉で決まります。たとえ

会社売買のシンプルなルール

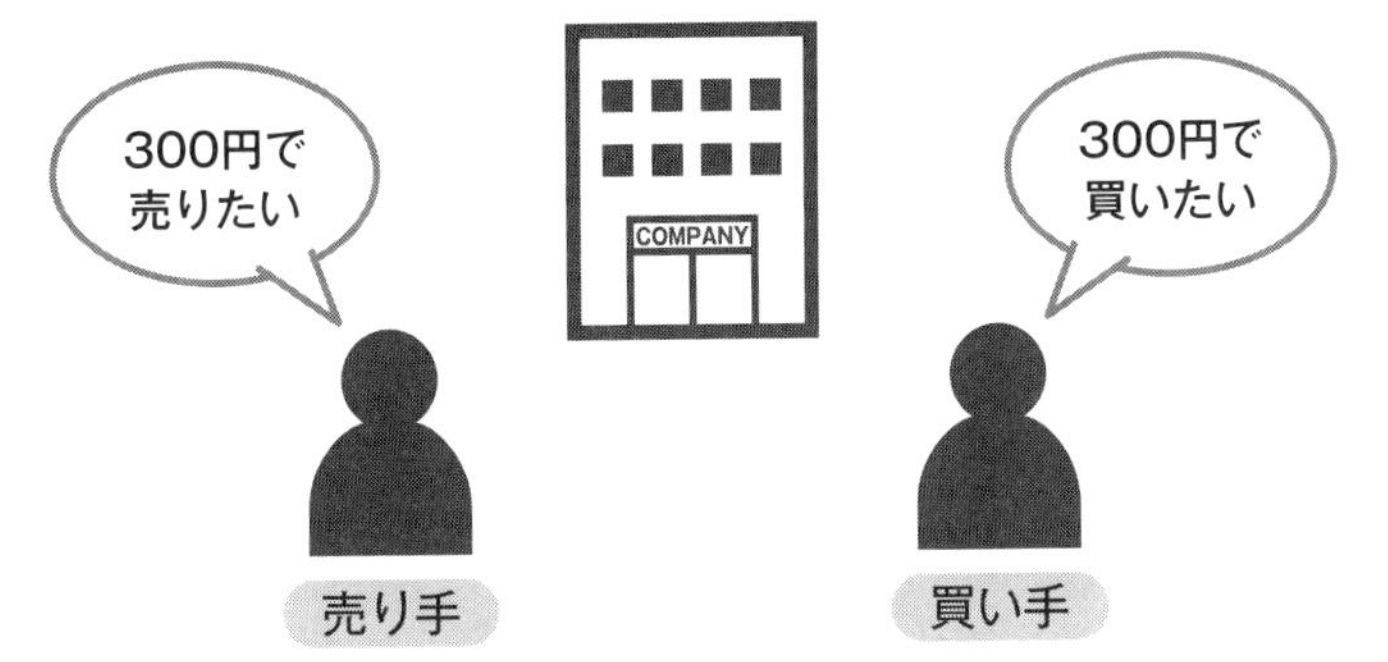
300円で
売りたい
COMPANY
300円で
買いたい
売り手
買い手

**お互いが合意すれば「300円」で
会社売買が交渉成立する**

ば、「会社を３００円で売りたい」人がいて、どこかに「その会社を３００円で買いたい」人がいれば、３００円で売買が成立するのです。

つまり、**売りたい人は買いたい人を、買いたい人は売りたい人をどうやって見つけるかが会社売買のポイントで、双方がうまくマッチすれば売買は成立する。**そういうきわめてシンプルな話なのです。

買いたい会社が見つかったら、つぎのステップとして、その会社を本当に買うか否かを判断します。その判断基準については、後ほどくわしく解説しますので、ここでは、会社購入における重要なポイント「価格交渉」について触れておきます。

会社売買の価格交渉では、自分の手持ち

のお金がいくらあって、「いくらだったら買えます」という金額を相手にストレートに伝えましょう。売り手にも、「これくらいの金額で売りたい」という希望金額があります。まずはこちら（買い手）が相手に希望金額を伝えて、売買価格の「すり合わせ」を行うのです。

この売買価格のすり合わせ作業はとても重要です。会社売買における価格のおおよその相場や価格を決める基準はありますが、実際にはあってないようなものだからです。会社には金やプラチナのように「グラムいくら」といった明確な相場や基準がないので、売り手側の社長が「ただでいいよ」と言えばただになるし、「1億円だね」と言ったら1億円になるのです。

したがって、買った後に「かなり得したな」と思うこともあれば、「ああ、損しちゃったな……」と感じることもあります。ふだんの買い物でも、「こんなにおいしいトマトを100円で買えてラッキー！」と思う場合もあれば、「このトマト、あまりおいしくなかったな。100円で買って損した」ということもあるでしょう。会社を買う場合もそれと同じことが起こるのです。

■相手との信頼関係があれば「いい会社」を安く買える

何か買い物をするとき、「よりいい物を、より安く買いたい」と誰もが考えるでしょう。会社を購入する場合も同じです。誰もが「よりいい会社を、少しでも安く買いたい」と思うはずです。そして、**会社購入において「いい買い物」をするために必要なものは、「知識」と「相手との信頼関係」**です。

知識とは言い換えれば「目利き」です。どんな買い物でも、悪い買い物をしないために、その商品が本当にいいものかを見分ける「目利き」ができないといけません。たとえば、中古ブランド品の買い取りをする場合なら、それが偽物か本物か、どの型番か、どこにどんな傷がついているか、などを念入りにチェックする必要があります。会社購入も同じです。いい買い物をしようと思ったら、「そもそも、この会社は本当にいい会社なのか」「何か問題はないのか」「本当に利益が出る会社なのか」の目利きができる、十分な知識が必要となります。

いい会社かどうかを確かめたら、つぎは、どうやったら1円でも安く買えるか、と考えるはずです。ここで重要になってくるのが、「売り手との信頼関係」、つまり、売り手が「この人になら、ぜひ会社を任せたい」と思ってくれるかどうかです。後述（73ページ）しますが、相手との信頼関係が築ければ、相手の会社・経営者はより協力的に会社売買を進めてくれ、結果として、よりいい条件で、より安く売ってくれるのです。

会社売買では、双方が「相手と中長期的にいい関係でいよう」「Win-Winの関係になろう」と思えるような状況を作ることが大事です。当然、最初から信頼関係が築かれているような相手（昔からの知人・友人など）から買えば、よりスムーズに事が運びやすいといえます。

繰り返しになりますが、会社を買うことは、普通の買い物と基本的に同じです。「会社を買う」ことを、何か特別なこと、とても難しいことと考えずに、ふだんの買い物と同じ感覚で、実行に移そうと思えば誰でもできることだと考えてみてください。

「承継者がいない会社」を購入する

■なぜ、「承継者不在」が起こっているのか？

序章でも述べたように、いま、日本では承継者がいなくて困っている会社が増えています。ある調査によると、２０２５年までに、70歳（平均引退年齢）を超える中小企業・小規模事業者の経営者は約２４５万人となり、そのうち約半数の１２７万社（日本企業全体の約１／３）が承継者未定となるそうです。

もし承継者が見つからず、廃業せざるを得ない会社が急増して、１２７万社すべてが承継されないと、約６５０万人の雇用と約22兆円のＧＤＰが失われる可能性があるそうですから、日本社会の未来にとっても大きな問題といえます。

70歳以上の高齢経営者は、承継者不在で困っていると同時に、別の面でも困難に直面しています。それは、急速に変化する時代の波にさらされ、「ビジネスモデルの転換」を迫られていることです。サブスクリプション・サービス（一定期間の定額制サービス）の普及や、コロナ禍で加速したビジネスのオンライン化やリモート化など、いま、ビジネストレンドが急激に変化しています。

そんななか、**「自社もトレンドに合わせて事業転換しないといけない。しかし、どう対応したらいいかわからない」という高齢の経営者が増えています。**

この先5年、10年で、ビジネストレンドの変化、テクノロジーの進化によって、事業モデルの転換についていけない経営者がさらに増えるでしょう。高齢の経営者が、いまから最新のＩＴやビジネスモデルの導入方法を勉強し直そうとしたら、どれだけ時間がかかるかわかりません。「この先もうまく事業を存続させつつ、自分もある程度、経営に関わりたい」と考えると、会社を有能な若手経営者に渡して自分も多少、経営に参画するのが、彼らにとってベストな選択なのです。

こうした背景のなか、今後、**承継者のいない会社が、廃業もしくは売却せざるを得ない状況に拍車がかかっていくことは間違いない**でしょう。

そこで注目を集めているのが、**承継者がいない企業の購入**です。本項冒頭でお伝えしたデータから予測して、近い将来、「大廃業時代が到来する」ともいわれています。

そんな時代だからこそ、**今後、M&Aをフックにして事業を拡大したい人にとっては、大きなビジネスチャンス到来の時代だともいえます。**

ここで私が提言したいのが、本書のメインテーマである「**承継者がいない会社を、超友好的に買う**（**承継する**）」という考え方です。M&Aの手法には、大きく分けて「敵対的買収」と「友好的買収」がありますが、私が提唱する「**超友好的な会社購入**」は、**敵対的でも友好的でもない、これからの時代に求められるであろう、新しい発想のM&A**です。

承継者を求める経営者の「本音」を理解する

■「できれば親族に会社を継いでほしい」

会社を購入するためには、「承継者を求めている経営者の本音（事情・心情）」を十分に知っておく必要があります。

まず、彼らの多くは「できれば子どもなど親族に会社を承継してほしいと思っている」ということです。経営者が親族に承継したいと考える理由は、おもにつぎの3つです。

1 会社を資産として考えると、なるべく身内に引き継ぎたいから
2 親族だと会社を辞められにくい（裏切られない）ので安心できるから
3 優秀な人は独立してしまいがちだが、親族なら（1と2の理由で）残りやすい

こうした明確な理由があるにもかかわらず、親族内承継ができない会社が多いのは、親族内承継（とくに子どもに承継）しようとすると、つぎのような問題があるからです。

まず、承継者（子ども）が大人になるまで待たないといけないので、子どもができても実際の承継までに20～30年かかってしまいます。そして、子どもが引き継ぐ気になるかどうかは、わかりません（20～30年の間に経営状況も大きく変わる）。さらに、子どもに経営力がないと引き継げません。

こうした背景から親族内承継が進まず、「気がつけば子どもは一流会社に勤めたり、公務員になっていた」という状況になるのです。そうなると、承継する会社の魅力が落ち、子ども自身の生活が安定していることから子どもは親の会社や商店を継ごうなどとは思ってくれません。

このような事態に陥らないためには、本来は事前に手を打っておく必要があります。たとえば、もっと早い段階で、雇われ社長でもいいので（自分も株式を持ちつつ）、いったん親族ではない若手に経営だけ承継する。その後、タイミングを見て、改めて自分の子どもに承継してもらう、という方法などです。

そうしたことをせず、資本（株式の所有権）の承継と経営の承継を同時にしようとして、ずっと会社を我が手に持ち続ける、という点に無理があるのです。これが現在、日本の多くの会社が承継者問題を抱えている根本原因であり、承継者不在の構造的問題です。

■「会社を売りたいけど、赤の他人には買われたくない」

もう1つ注目してほしいポイントは、**承継者不在に悩む高齢経営者の多くは、「自分の会社が買われるのを嫌がる」**ことです。企業買収＝経営悪化した会社が吸収される手法、といったネガティブなイメージを持っているからです。

しかし、彼らは心の奥底には「会社を承継してほしい＝売りたい」と思っています。口に出して「会社を売りたい」と言わない理由は、「会社を売るのが恥ずかしい（＝プライド）」「自分でないと経営できない、という思い込み」「いつまでも社長の地位にいたい、という自己顕示欲や自己承認欲求」などがあるからです。「会社を人手に渡して、債務保証（会社の借金返済義務）から逃れたい。本音を言えば手放したいが、会社を売って逃げるような形になるのは気が引ける」という複雑な心境の経営者も多いのが実情です。

そうした理由から、ほとんどの経営者は、「会社を赤の他人に売って手放すこと」を望んでいません。彼らの望みは、「親族に引き継ぐような形で円満に、信頼できる人に会社を渡したい。ただし、その後も何らかの形で会社に関わりたい」ということです。

■「信頼できる人になら渡してもいい」

「できれば親族に会社を引き継いでほしい」と考える経営者の心のなかには、「子どもに財産を残したいから」という考えもありますが、それ以上に、「自分の意思を引き継いでくれる、信頼できる人に渡したい」という強い思いがあります。経営者からすると、会社とはいわば「自分の家」です。経営の第一線から退いても、自分の家として住み続けたいのです。承継者はいってみれば、同居人のようなものです。同居人として住まわせるなら、見ず知らずの人ではなく、よく知っている信頼できる人がベストです。そんな状態が理想的なのですが、それは従来のM＆Aでは実現できません。

承継者が親族、または親族同様の人であれば、多くの場合、なるべく税金などよけいな費用がかからないように、ただに近い形で渡したいと考えます。また、会社を渡してからも経営面でフォローしてあげようと思います。買い手にとってはありがたい限りです。

つまり、**会社購入の肝は、相手経営者と「身内のような関係になる」こと**です。他人ではあるけれど、あたかも親族内承継のように会社を譲ってもらうのです。

買収には「敵対的」「友好的」「超友好的」がある

■「敵対的買収」は小さな会社でも起こり得る

会社を買う方法には、「敵対的買収」「友好的買収」「超友好的買収」があります。敵対的買収と友好的買収、超友好的な会社購入は、どれがよくてどれがよくないというものではありません。どれもM&Aの正当な手法であり、事情や状況に応じて使い分ければいいのです。そして、当然それぞれにメリットとデメリットがあります。ここで、改めてそれぞれの特徴とメリット、デメリットについて見ていきましょう。

まずは「**敵対的買収**」についてです。敵対的な買収とは、相手企業の同意を得ないまま、強引に買収してしまうM&A手法で、「敵対的TOB（株式公開買付け）」とも呼ばれます。この場合、買収する側の企業は相手企業の株式を一気に買い集め、過半数以上の株式を保有して経営権を獲得してしまいます。交渉しても簡単には売ってくれないだろうな、という会社を買いたければ、このＴＯＢを行うしかありません。

敵対的買収の一番のメリットは、相手に売る気がなくても株式市場を通して会社を買うことができる、つまり相手の了解がいらないことです。交渉に要する時間も費用も少なくてすむので、よけいな手間暇がかかりません。

デメリットは、買収価格が（友好的買収に比べて）高くつくことです。また、買収を仕かけても防衛対策を講じられることも多く絶対買えるとは限りませんし、買った後にその企業（残留した経営陣など）が、経営に協力してくれる保証もありません。往々にして遺恨を残す可能性があることもデメリットとなります。

敵対的買収というと、「上場企業の話でしょ」と思っている人も多いでしょう。実は上場企業だけでなく、非上場の中小企業でも、悪意を持って会社の経営権を奪う行為は珍しいことではありません。いわゆる「会社乗っ取り（経営者以外の人間が会社の経営権を乗っ取る行為）」です。会社乗っ取りには、株主と直接交渉して株式を買い集める、経営者以外の株主を味方につけて株主総会で代表取締役を解任する、などさまざまな方法があります。

これらは合法的な経営権取得方法ですが、ときには不正な登記変更など、違法性のある方法で行われる場合もあります。

■「友好的買収」は相手経営陣との合意をもとに進められる

一方、敵対的な買収に対して、「**友好的買収**」は「双方の経営陣の合意・賛成」のもとに進めるM&Aです。日本国内での企業買収は、この友好的買収で行われることがほとんどです。友好的な買収のケースとして、私の身近で実際にあった事例を紹介しましょう。

2019年6月に、静岡県磐田市にある、明治4年創業の老舗きんつば店「又一庵」という会社を、「TTC」という、観光土産品などのプロデュースが得意な会社が友好的に買収しました。これはfundbook（ファンドブック）というM&A会社が成立させた事例ですが、両社の、「又一庵の『のれんと技術』を守りたい」「新しい商品を作って商品展開していきたい」という考えが一致して、マッチングが成立したのです。

又一庵は、近年コンビニが台頭した影響もあり、苦しい経営を迫られていました。そこで同社の鈴木康前社長（当時、社長）は、のれんを守るためにM&Aという決断を下したのです。鈴木前社長は、fundbookを介してTTCの河越康行社長と何度も話し合いを行い、円満にM&Aが成立。経営体制の変更もなく譲渡を行い、その後、業績も大きく回復したそうです。

このような友好的な買収は、敵対的買収と異なり、まずは「どのような形で売買しましょうか？」という話し合いがあって、これなら問題ないですね、とお互いが同意・納得したうえで進めていきます。したがって、**友好的な買収のメリットは、「敵対的買収よりも成功の確率が高く、買収後も遺恨を残すことなく、Win-Winの関係になれる可能性が高い」ことに**あります。

デメリットは、超友好的な会社購入と比べると、「場合によっては高い買い物になってしまう」ことです。超友好的な購入では売買価格が相場観に左右されませんが、通常の友好的買収では相場観に左右されるからです。また、M＆A会社を介して購入する場合、仲介手数料が発生するので、その分やや割高になってしまう可能性もあります。

■「超友好的な購入」はお値打ち価格で会社を購入できる

最後は、**超友好的な会社購入**のメリットとデメリットについてです。

友好的な買収と超友好的な購入は、ケースによっては線引きが難しい部分もありますが、両者の最も大きな違いは、「身内（親族や親戚）のような関係性で購入するか否か」という点です。身内のような関係性であれば、売り手側には「できるだけ安く譲ってあげたい」

「できるだけサポートしてあげたい」という心理が働きます。

つまり、超友好的な会社購入の大きなメリットは、**「比較的お値打ち価格で会社を購入できる」ことに加え、「相手の経営者が、譲渡に対して採算度外視で協力してくれる」「人脈や経営手法も含めて承継しやすい」「購入後も、前経営者からのフォローを受けられる」**というメリットもあります。

多くの友好的な買収では、それまでその会社が培ってきた人脈や経営手法、ノウハウは完全には承継されませんし、引退した経営者が全面的に経営を助けてくれることも、一部の例外を除いて、あまりありません。

もちろん、超友好的な会社購入にはデメリットもあります。**超友好的な会社購入は身内のような関係で会社を譲渡されるので、「しがらみ」にとらわれてしまうリスクが生まれる**のです。そうした人間関係や経営上のノウハウが逆に足かせになってしまい、ドラスティックに事を進められないということも起こり得ます。ここは留意すべき点です。

もう1つ留意しておきたいのは、先ほど、超友好的な会社購入では比較的お値打ちに買えると述べましたが、必ずしもそうとは限らないことです。たとえば、市場価値で見れば本来なら500万円くらいの会社なのに、「どうしても会社の借金を返さないといけないので、1000万円で買ってもらえないだろうか」という類《たぐい》の話もあるのです。親族内承

「超友好的購入」のメリット

お値打ち価格で
会社を購入できる

相手経営者から協力を
得つつ購入できる

人脈・経営手法も
承継できる

購入後もフォローや、
アドバイスを受けられる

「敵対的買収」「友好的買収」よりも
失敗リスクを抑えられる

継であれば、借金だらけで承継したくない会社でも、仕方なく承継せざるを得ない、ということも起こり得ます。

超友好的な会社購入では、身内のような関係だからこそリスクを負わざるを得ない、という状況に立たされてしまうことがあります。その点を前もって認識しておく必要があります。

超友好的に買えば「会社の価格」は安くなる

■価格や支払い条件は「信用度」「信頼度」で変わる

「会社売買の価格」について、もう少しくわしく解説しましょう。

意外かもしれませんが、ビジネスでは、信用度・信頼度が高いほど価格や支払い条件がよくなります。

たとえば、卸売業者から物を買うことをイメージしてください。信用度が高いと支払いサイト（猶予期間）が長くなり、物品を安く仕入れられます。銀行などからお金を借りる場合の金利も同じです。信用度が高ければ金利は下がります。

会社を買う場合も同じです。売り手から、「この人は会社を、よりよくしてくれそうだ」「お客さまや従業員を大切にしてくれそうだ」「自分の考えを引き継いでくれそうだ」と思ってもらい、信用度・信頼度が高ければ、売買価格が下がり条件もよくなるのです。

個人同士で中古品を売買するときに、相場よりも高い値段で売ろうとする人がいるのは、「今回限りの付き合いだから、今後もう連絡することもない」と思うからでしょう。しかし、知人や仲がいい友達や、この先も継続的に付き合う人であれば、少々ふっかけてやろう、とは思わないはずです。その意味でも、敵対的よりは友好的、友好的よりは超友好的に買うほうが、売買価格面でのメリットが高まるのです。

友好的買収では、一般的にM＆A仲介会社が間に入って売買価格を調整します。したがって、売り手と買い手が直接話し合って価格を決めることは、多くはありません。M＆A仲介会社にとっては、高く売れるほうが手数料が増えていいわけです。そのため、相場観を盾に、少しでも高く売ろうとしがちです。買い手は高く値付けされたとしても、買いたい会社であれば高い値段で買うのです。ここが、友好的買収と超友好的な購入における、会社の売買価格の決め方の大きな違いです。

前述したように、会社売買の相場価格は、あるようでないもので、売り手の感情や両者の関係性によって、売買価格は大きく変わります。**身内になって超友好的に購入を進めれば、より安い価格で、いい条件で会社を購入することもできる**のです。

さらに、超友好的な購入のメリットとして、**経営者に会長や相談役として残ってもらいやすい**ということがあります。そこで、「成約したあかつきには、報酬をいくら以上払いますから」という話をして、最初に支払う購入資金を低く抑えることができるのです。

ただし、親子間の承継なら別ですが、結局は他人ですから、話し合いの途中で仲が悪くなると価格が変動したり、最悪、交渉が決裂してしまったりすることもあるので注意が必要です。

■超友好的に会社を買うと売上がアップする⁉

ここまで、仲良くなって超友好的に会社を買うことのメリットを、おもに売買価格や条件にスポットを当てて解説してきましたが、最後に、もう1つ覚えておいてほしいメリットを紹介します。

そのメリットとは、**仲良くなって超友好的に会社を買うと、会社の「評価が高まる」「評判がよくなる」こと**です。

承継者がいない社長の周りには、同じような悩みを抱える経営者がたくさんいます。また、取引先など関係者の多くが、その会社の先行きを心配しています。

そうしたなかで、超友好的に承継が決まると、「おたくの会社、どうなるか心配してたんだよ。これで安心だ、よかったよかった」と周囲が喜んでくれるのです。経営者本人も、周囲に「いい人を見つけて、自分がいろいろと教えて育て、大切な会社を託してやったんだよ」と言えるので、周囲から祝福されながら堂々と勇退できます。

つまり、会社を買った人は、「あの会社を救ってくれた恩人だ」「承継してくれてありがたい」と称賛され、その影響で会社の評価やブランド力が高まり、ご祝儀としての売上や業績もアップする可能性が高いのです。そうした効果は、通常の友好的な会社売買では期待できないものです。私もその恩恵を実際に受けています。

このように、超友好的な会社購入は、交渉のプロセスにおいても、また、購入が完了した後においても、ほかの購入手法にはないさまざまなメリットがあるのです。

超友好的に会社を買うことは、通常のM&Aに比べて「買いやすい」「経営しやすい」ので、これまで会社経営を経験したことのない人にこそお勧めです。ビジネスオーナーになりたいという強い意欲さえあれば、サラリーマンや個人事業主のあなたでも、実践できてしまうのです。ぜひ本書を参考に、あなた自身の新たなキャリア形成やビジネス展開のためにチャレンジしてみてはいかがでしょうか。

次章からは、超友好的に会社を買う方法を、「準備」「買う会社を探す方法」「会社を買うかどうかを判断する方法」「購入資金の作り方」と段階を踏んで解説していきます。

第1章まとめ

- 会社売買は条件が合えば成立する点で「ヤフオク!」「メルカリ」と変わらない

- 会社を買うには、「いい会社」を判断する「目利き」と、買ってからも積極的に協力してもらえる「信頼関係」があるかがポイントとなる

- 70歳を超える経営者が経営していて、承継者がいない会社は、2025年までに、全国で127万社になり、何らかの形での存続をする必要があるが決め手となる手法が確立されていない

- 承継者がいない経営者は「会社は赤の他人には買い取られたくない」「誰かに承継してもらわないといけないが身内に適切な人がいない」というジレンマを抱えている

- ゼロから起業するよりも、今すでに経営が成り立っている事業を前経営者のサポートを受けながら経営するほうが難易度が低い

第2章

勝負は準備で
8割決まる

「ニーズがある・稼げる・得意・好き」を棚卸しする

■準備で勝敗は8割決まる

会社購入を成功に導く鍵は、「入念に準備する」ことです。会社探しを始める前に、どれだけしっかりと準備するかによって、会社購入がうまくいくか、失敗に終わるかが決まります。「勝敗は準備で8割決まる」と言っても過言ではないのです。

準備段階に行うべきことはたくさんありますが、必ずやってほしい重要なことがあります。それは、つぎの4つの要素を棚卸しする作業です。

- 「社会的ニーズ（市場）」のあることは何か？
- 自分が「稼げる」ことは何か？
- 自分が「得意」なことは何か？

●自分が「好き」なことは何か？

会社を購入するとき、その事業が今後「社会的ニーズ」があること（＝世の中から必要とされること）でないと、経営に相当苦労するでしょう。また、そもそもビジネスである以上、「稼げる」ことでないと意味がありません。そして、どんな仕事でも「得意」なことでないと、自身の能力を活かせませんし、継続できません。さらに、それが「好き」なことであれば理想的です。

準備段階で重要なのは、この４つを自分なりによく考えて整理してみることです。**会社を買うと決めたなら、まず「自分を知って、市場を知って、準備すること」**が重要なのです。

■「好き」の重要度は低い

会社を買う場合、その会社の事業に「社会的ニーズ（市場）」があって、お金を「稼げる」ことで、自分が「得意」で「好き」なことなら、それがベストです。とはいえ、４つの条件すべてを満たすのは簡単ではありません。しかし、**最低でも「得意」で「稼げる」こと、加えて「社会的ニーズ」があることでないと、その会社はうまくいかない**でしょう。

ここで、「『好き』は必要ないの？」と思う人がいるかもしれませんが、「好き」は、会社購入においては、ほかの要素よりも重要度が低いといえます。最初から「好き」なことにこだわらなくても、得意で稼げて社会的ニーズがある仕事なら、後で「好きになる」ことが多いからです。**「好きなこと」から先に考えてしまうと、選択肢が狭くなってしまいます。**まずは、自分は何が得意なのか、強みは何か、何をすれば稼げるのか、から考えましょう。

「社会的ニーズ」「稼げる」「得意」をどの順番で考えるかは人それぞれだと思いますが、**最初に「社会的ニーズ」から入るのがいい**でしょう。それをベースに、「稼げること（方法）は何なのか？」を10個くらい考えて、そのなかから自分の「得意なことと結びつくのはどれか？」という順番で考えるのも1つの方法です。

「どうやって稼ぐのかを考える」ことについて、発想転換の視点も加えてもう少し具体的に説明しましょう。

たとえば、イタリア料理店を経営している人がいるとします。コックとしての調理技術には自信があり、レシピ開発も得意です。彼は「長年経験を積んできたので、もう1店舗、お店を出そうかな」と考えています。ここで重要なポイントは、新しいお店を出したら「果たして本当に稼げるかどうか」です。

店舗を増やしてうまく稼げる人もいると思いますが、いくら料理がおいしくても、新店舗の周辺に人気の競合店がたくさんあったら（＝新店でのニーズがなければ）、せっかく開店してもお客さんは来てくれず、数年でつぶれてしまうかもしれません。

彼が本当に稼ごうと思ったら、単に店舗を増やすのではなく、「レシピ作成のコンサルタントになる」という選択肢もあるでしょう。単純に毎日料理を作るだけでなく、メニュー開発してクックパッドに載せてみたり、レシピ本を出版したりすると、いままで以上に大きく稼げるかもしれません。

稼ぐうえで必要なのは、発想の転換です。得意なこと、自分がこれまで行ってきたビジネスモデルを単純にスライド（横展開）させるのではなく、改めて、どうやったらもっと稼げるのかを「新しい軸」で考え直すことが求められます。

■「どうやって稼ぐか？」を明確にしたら「実践の場」を自ら作る

ここまで、「棚卸し」の重要性について話してきましたが、会社購入ではスピード感も大事なので、この作業にあまり時間をかけすぎるのもよくありません。また、資格取得のために勉強したり、ビジネススクールで経営の勉強をしたりするのもいいですが、それよりも、**「実践の場」を自ら作っていくことが大切**です。

まずは実践の場に飛び込んでやってみる。その好事例を紹介します。

2020年9月に創業した「ひじかた」は、IT関係の仕事をしていたCEOの高橋康平さんと仲間が設立した会社です。彼らは、宮崎県日南市にアグリビジネス（農業ビジネス）をやるために移住。将来的に「日本最大の『野菜（農作物）メーカー』になる！」を目標に、革新的な農業ビジネスを展開しています。

彼らのすごいところは、未経験であるにもかかわらず、「農業の世界に飛び込もう！」と決めた日からすぐに現地視察を開始し、創業からわずか2か月後に、実際に宮崎に移住した点です。起業の前に、どんなことに「ニーズがあるのか」、自分たちは何をやったら「稼げるのか」を熟考。その結果、「これからは農業ビジネスだ！」と判断し、机上の勉強から始めるのではなく、いきなり実践の場に飛び込んでいったのです。

最初彼らは、経営に行き詰まった農家を相手にコンサルティング事業をする、農地を買い取る、などのビジネスモデルを考えていましたが、実際には思うように事が進みませんでした。

そこで、会社勤めをしながら自分たちで実際に野菜を作り、農業のキャリアを積んで野菜のことを理解し、地元の人々の信頼を得ようと奮闘。そこをスタート地点として、新たなどジネスモデルを考えたり、土地や事業の一部譲渡を受けたりして、引き継ぐ人がいない農家の承継を目指して、さまざまなプロジェクトを進めています。

このように、**棚卸し作業をして「どうやって稼ぐのか」を明確にしたら、まずはやってみる**ことが大事です。重要なことは、一見、無駄に見えることでも後々役立つことが多いので、「質にこだわらず、経験をたくさん積んでおく」ことです。

スティーブ・ジョブズによる、スタンフォード大学での有名なスピーチに「点と線」の話があります。「バラバラの経験（点）であっても、将来それらが何らかの形でつながる。いつかその点と点がつながる（線になる）ことを信じて進みましょう」という話です。会社購入でも、自分が納得できる稼ぎ方の方向性が見えたら、とにかく行動してみること、その行動を地道に1つずつ積み上げていくことが大切なのです。

会社を辞めるさいに「必死で引き留められる人」になる

■いまの仕事で「誰もが認める成果」を出す

ここで、現在、会社勤めをしている方に質問です。

あなたが上司に突然、「すみません、来月いっぱいで辞めたいんですけど……」と言ったら、上司から何と言われると思いますか？

「いや、それは絶対困る」でしょうか、それとも「そうか、残念だが……わかった」でしょうか。

あなたが会社を購入したいと思っているなら、「それは絶対に困る」と必死で引き留められるような人材でなければなりません。「絶対に失いたくない人材」と思われるくらいの人でなければ、会社経営は難しいと考える必要があります。

言い方をかえれば、**自分が関わる仕事で「誰もが認める成果」を出せるまでがんばることが、会社を経営できる実力をつけることにつながる**のです。

事業承継コンサルティングを行う「ネクストプレナー協会」の代表理事を務める河本和真さんも、会社勤め時代に誰もが認める圧倒的な成果を出した後、独立した人の１人です。河本さんは、証券会社入社1年目で、同期最速（営業に出始めて2か月）で1億円以上の契約を決め、口座開設件数１００件（平均は40～50件）を達成しました。ちなみに、１億円以上の契約は、多くの営業マンが生涯かかっても達成できない金額です。

さらに、2年目で投資委託契約の売上実績において1位を獲得。3年目に、職位別地区キャンペーンで上位入賞し、支店内（全職員）セールス約50人のなかで、投信純増１位、という輝かしい成績を収めました。

ここまでの成果を出せば、経営者になっても、失敗することは少ないでしょう。**営業力はどんな分野の仕事でも重要**だからです。いま、事務職をやっている人がこれから会社購入をしようと思うなら、まずは営業部門に異動させてもらって、河本さんのように「営業成績トップ」を目指してみましょう。

会社員であれば、いま勤めている会社の商品・サービスの販売で営業成績トップになるくらいの実力がある、もしくはその気概がないと、経営者にはなれません。

営業力を身につけるのと同時に、経営者になったときに自社ビジネスにプラスの効果を出せる「特定分野に特化したスキル」を身につけておくことも重要です。たとえば、ＥＣに強い、知的財産など権利関係に強い、コンサルティングができる、マーケティングに精通している、プログラミングができる、などです。

■挫折を乗り越える経験をたくさんしておく

さらに重要なのは、会社勤めをしている間に、経営者に必要な「**多くの人を動かすコミュニケーション能力**」を身につけることです。ここでいうコミュニケーション能力とは、単に他者との意思疎通や人間関係作りがうまいことだけではありません。経営者には、「この人が言うなら、そうしよう」と思ってもらえる「人を動かす力」＝「ヒューマンスキル（対人関係能力）」が絶対に必要です。

もう１つ、勤めている間にやっておいてほしいのは、「**できるだけ挫折を味わって、それを乗り越える経験を数多くしておく**」ことです。

前述したように、サラリーマンとして会社に勤めている間は、どんなに失敗して損失・損害を出したとしても、それを個人的にかぶることはありません。

ですから、「給料をもらいながら、いっぱいチャレンジさせてもらって、たくさん失敗・挫折する経験を積ませてもらおう！」と考えればいいのです。その結果、自己が鍛えられるだけでなく、経営におけるリスクマネジメント力も養えるはずです。

会社を買ってうまくいく人は、会社を買う前から入念に準備をしようと、たゆまぬ努力をしてきた人です。ここで話したような考えを持って、全力で仕事に打ち込んできた人だけが、本当に会社購入して経営できる力を身につけることができるのです。

交流会やオンラインサロンで「支援者・協力者」を見つける

■「将来的に強い味方になってくれる人」を選ぶ

会社購入の準備段階でつぎにやってほしいことは、後々**「経営を手伝ってくれる人（支援者・協力者）」を見つけて、仲良くなっておくこと、つまり「人脈作り」**です。

会社経営は、その規模にもよりますが、通常、社長1人ではできません。信頼できるパートナーとして協力してくれる人、経営を手伝ってくれる仲間が必要なのです。経営には、税理士や社労士など専門家のサポートが不可欠ですし、仕入れ先や代理店などの取引先、顧客といかにいい関係を築けるかが肝になります。

将来のあなたのビジネスに関係してくる人たちとの人脈を事前に作って、彼らと仲良くなっておくことが重要なのです。会社経営で最も大切なのは、やはり「人」です。**いい人**

と出会い、いい人といい関係を築くことができれば、商売はだいたいうまくいくのです。

ビジネス・経営で重要なのは「何をするかより、誰とするか」だと言われます。「誰とするか」とは、言い方をかえれば、いかに「将来にわたって強い味方になってくれる人」と付き合うかです。

会社購入・経営においても、プロとしての実力・能力が高く、将来的（長期的）に強力な支援者・協力者になってくれそうな人と、いかにいい関係を築くかが重要なのです。

会社経営では、何か困ったことが起きたとき、誰に助けてもらうかがとても重要です。助けてくれる人、手伝ってくれる人の能力レベル、その人が出してくれる成果のレベルが、イコール経営のレベルになると言っても過言ではありません。

しかし、どんな世界でも、本当に「いいもの」を提供できる人、本当にレベルが高い人はごくわずかしかいません。だからこそ、会社購入・経営を目指すなら、準備段階で時間をかけてじっくりと「将来にわたって味方になってくれる人」を選ぶ必要があるのです。

では、そんな人と出会うためにはどうしたらいいのでしょう？

そのためには、ビジネス交流会やオンラインサロンなど、人が多く集まる場所に積極的に出ていって、できるだけ多くの人と会うことが大切です。「ビジネス交流会に参加しても、いい出会いがない」と言う人もいますが、いい人と出会える（質の高い）交流会もあるので、そんな交流会を選んで参加しましょう。

将来的に強い味方になってくれる人を見つけることは、河原で砂金を採るのに似ています。砂金採取は、川の砂を器のなかで少しずつ揺らしながら、余分な砂を取りのぞき、そのの砂のなかにごくわずかに含まれる砂金を採っていく、という地道な作業を繰り返します。いい人を探す作業も、多くの人に会って、ふるいにかけた結果、やっと見つかるものです。

■いい人に出会ったら1つ仕事を頼んでみる

交流会やオンラインサロンなどで、「この人なら！」と思う人に出会ったら、つぎのステップとして、**「その人と、小さくてもいいのでビジネスをしてみる」**または**「何か1つ仕事を頼んでみる」**ことをお勧めします。

実際にお金の授受が発生する仕事をしてみると、その人の実力がよくわかります。ここでもう一度、本当に将来にわたって付き合うべき人かどうかを見極めて「ふるいにかける」のです。

ここでの**チェックポイントは、その人の「コストパフォーマンスの高さ」**です。どんな業界でも、報酬金額が高い人は当然それなりにいい仕事をしてくれます。

しかし、金額の高い安いに関係なく、こちらの期待を上回る質の高い成果を出してくれる人はなかなかいません。そういうコストパフォーマンスの高い人に経営を手伝ってもらえたら最強です。

できるだけ多くの人に会って、実際にビジネスをしてみると、自然と人を見る目が養われます。その結果、本当に気の合う支援者・協力者と長い付き合いができれば、それはあなたのキャリア、もっと言えば人生にとって、かけがえのない財産になるでしょう。

経営感覚を磨き、ビジネスの勘所をつかむ

■「儲かるかどうかを判断する感覚」を磨く

経営の経験がまったくない人が会社経営にチャレンジするのであれば、準備段階で、できるだけ「経営感覚」を磨き、「ビジネスの勘所」を身につけておくことが重要です。経営感覚とは、「出したお金より、入ってくるお金が多くなる判断ができるかどうか」です。もっとわかりやすく表現すれば、**経営感覚とは「儲かるかどうかを判断する感覚」**です。

この経営感覚を磨くために最も簡単にできることは、たとえば「メルカリなどで、何か品物を販売してみる」ことです。同じような出品物がいくらで売られているのか？　値付けをどうしたらいいのか？　どのタイミングで値下げしたらいいのか？　などを考えながら、経営感覚と、物を売ることの難しさやコツを学ぶのです。

また、**クラウドワークスやランサーズなどの「クラウドソーシング」サービスに登録して、フリーランスとして仕事を受注してみる**のもお勧めです。

クラウドソーシングに登録して仕事をするためには、いくつかのポイントを押さえておかなければなりません。たとえば、「自分の実績を、どう効果的に伝えるか」「競合（ほかのフリーランス）は、同じ仕事をいくらで請け負っているのか」「依頼者と、どう交渉するべきか」などです。

フリーランスは、「個人商店」です。自分の才能や技術を商品として売る方策や、自分をブランディング・PRする方法をつねに考えながら仕事をする必要があります。実際の商売でも、そういう視点が非常に重要です。自分が小さな会社を経営する意識でフリーランスをやってみて、自身を「売り物」として市場価値を高めるにはどうしたらいいのかを考える。そうやって、ビジネスの勘所をつかむ練習をするのです。

副業として何か小さなビジネスを始めてみるのもいいでしょう。

たとえば、自分の興味ある分野で何か商品を仕入れて、自分で販売ルートを作って売ってみるのです。もし、自分がいまの会社で担当している仕事、得意分野があれば、その職能を活かした商売で副業してみてもいいかもしれません。**自分の得意分野、自分がプロと**

して仕事していることでお金を稼げないとしたら、そもそも会社経営は無理でしょう。また、未経験分野の会社購入にチャレンジするのであれば、なおさら実際にその業界で働いてみて、その業界特有の「経営のツボ」を学ぶことが重要です。

■「投資」で実践的な経営感覚を養える

経営感覚を磨き、ビジネスの勘所をつかむ方法として、「**上場企業の株式を買ってみる**」のもいいでしょう。企業が投資家向けに公開している中期経営計画などを見ながら株の売買をしてみれば、かなり実践的な経営感覚を養うことができます。

それはちょっとハードルが高い、と感じる人は、「**投資型クラウドファンディング**」に**出資してみる**ことをお勧めします。投資型クラウドファンディングとは、一般的に知られている「寄付・購入型クラウドファンディング」とは異なり、分配金や株式などの金銭的リターンが設定されているクラウドファンディングです。場合によっては、投資した企業が上場して結構大きな利益になる場合もあります。

ちなみに投資型クラウドファンディングは、「融資型」「ファンド投資型」「株式投資型」の3つに分けられ、株式投資型には、2017年にサービスを開始した「FUNDINNO（フアンディーノ）」があります。

FUNDINNOのWEBサイトを見ると、さまざまなベンチャー企業のプロジェクト内容が公開されています。興味あるプロジェクトがあれば実際に出資してみて、その後、そのプロジェクトがどう動いたのか、儲かったのかどうか、を出資者としてチェックしながら経営の疑似体験をしてみるのです。非上場ベンチャー企業の取り組みを応援する投資型クラウドファンディングは、上場株式より少ない資金で手軽に投資できるので、株式投資初心者にもお勧めです。

ここで挙げた方法以外にも、**経営感覚を磨く方法として、「友人・知人の会社経営を勉強がてら手伝う」のもお勧め**です。実際に成果を出して報酬をもらうという経営体験をしてみるのです。

とにかく、自分で何かを販売する、お客さんに営業する、仕事を受託する、経営の疑似体験をするなどして経営感覚を磨き、ビジネスの勘所をつかんでください。そうした経験を通して、営業力や交渉力、経営に必要な感覚やスキルを磨くのです。

買いたい会社の条件を決めて「購入計画」を立てる

■「業種・地域・規模・予算」を具体的にイメージする

ここからは、より実践的な準備のノウハウをお伝えします。

まずは、購入計画を立ててみましょう。買いたい会社の「業種・地域・規模・予算」を具体的にイメージするのです。ここで**一番大事なポイントは、「自分が心地よく**（無理せず）**経営できる会社のイメージ」を具体化すること**です。

たとえばダイエットでも、無理な計画を立ててしまったら、辛くて長続きしません。それと同じで、無理して身の丈にあわない業種、規模の会社を買っても、うまくいきません。まずは、どれくらいの会社なら無理なく経営できそうかを考え、自分の身の丈にあった会社を購入するようにしましょう。会社経営では、勝つことより負けないことが重要です。

「業種」選びでは、自分がこれまでに経験したことのある業種、またはそれに近い業種なら、無理せず経営できるでしょう。

「地域」については、自分が住んでいるエリアや、これまでの仕事でよく知っている地域を選ぶと、比較的経営しやすいはずです。

「規模」についても、自分の仕事経験を振り返ってみて、経験則のある規模から少し背伸びしたくらいの規模の事業がいいでしょう。

「予算」は、単純にいま会社を購入するための資金がどれくらいあるのか、どれくらいの金額なら無理なく調達できるのか、で考えます。

また、「無理せず」経営できることに加えて、「自分の力を活かせる、これから伸びる業種に絞る」「人脈を活かせる場所、競合が弱い場所を狙って探す」なども重要なポイントです。

■自分なりに「いい会社」を定義する

会社購入の計画を立てるうえで忘れてはならないのは、「いい会社の定義をするから、いい会社を探して買うことができる」という考え方です。**買いたい会社の「業種・地域・規模・予算」をイメージすることは、「自分にとっての、いい会社とはどんな会社か」を**

定義することでもあります。

「いい会社があったら、ぜひ買いたいので教えてくれませんか？」とよく相談してくる方がいますが、「いい会社とは、どんな会社ですか？」と聞いても、具体的に説明できない人がほとんどです。「売れる商品を持っていて、利益が大きくて、金融機関からも評価が高い会社かな」と言われても抽象的すぎるので、「そんな会社は、そうそう売っていませんよ」と答えるしかありません。

「いい会社」を買いたければ、「いい会社とは、どんな会社なのか」を定義することが欠かせません。会社の求人で、「いい人材を探しているんですよ」と言っていても、「いい人材」の定義がきちんとできていないと、いざ目の前に「いい人材」が来ても見逃してしまいます。「いい会社」を定義していないと、「いい会社」を見逃してしまうのです。

この、「定義すること」はそんなに難しいことではありません。ここまでお話ししてきた「準備段階にすべきこと」をきちんとやっていれば、あなた自身にとっての「いい会社」の定義は、おのずと具体化するはずだからです。

「買いたい会社」のイメージを具体化する

業　種

- これまでに経験したことのある業種は？
- 自分のスキルが活かせる業種は？
- これから伸びる業種か？

地　域

- 自分が住んでいるエリアは？
- 仕事でよく知っている地域は？
- 人脈を活かせるか？

規　模

- 経験則のある規模は？
- 少し背伸びするとしたらどれぐらいまで？

予　算

- 会社を購入するための資金がどれぐらいあるか？
- どれくらいの金額なら調達できそうか？

自分が心地よく（無理せずに）経営できることが大切

■「マッチングサイト」をチェックして具体的にイメージしてみる

そう言われても、いま1つ具体的にイメージできない人は「M&Aマッチングサイト」をチェックしてみましょう。

前述した「TRANBI（トランビ）」をはじめ、国内最大級のサービス規模を誇る「BATONZ（バトンズ）」など、数多くのM&Aマッチングサイトがあります。こうしたマッチングサイトで、実際にどんな会社がどんな条件で売られているのかをチェックしてみれば、買える会社の「業種・地域・規模・予算」が何となくわかるはずです。

こうしたサイトには、一般企業だけでなく、パン屋やカフェなど、みなさんにとって身近な商店や飲食店もたくさん売りに出ています。たとえば、「千葉にある、駅から徒歩○分のパン屋兼カフェです。行列ができるほどの人気店です。譲渡希望は○○万円です。売上高は○○万円です。後継者を探しています」といった感じです。

第1章でお話ししたように、会社購入をあまり難しく考えず、メルカリのような感覚で、まずは気軽に売り案件をチェックしてみてはいかがでしょうか。

経営を支援してくれる「いい税理士・社労士」と仲良くなる

■なぜ、税理士・社労士の力が必要なのか?

ある程度、買いたい会社のイメージが固まったら、ここから先は専門家である税理士や社労士の力を借りて、つぎのステップへ進みましょう。

経営資源である「人・モノ・金・情報」のうち、経営を成り立たせるために、とくに重要なのが「人と金」です。会社経営の肝は、「いかに、いい人材を採用し、定着して働いてもらえるか」と「いかに自社のお金が潤沢であるようにするか」です。そこで、「**人**」**の専門家である社労士、**「**金**」**の専門家である税理士の力が必要**なのです。

ここで、税理士と社労士の役割と重要性を説明しておきましょう。

まずは税理士についてです。

経営におけるお金に関する仕事（＝企業会計）には「経理会計」「税務会計」「財務会計」の3つがあります。
経理は、社員（経理担当）が行う、会社のお金の管理業務です。
税務は、会社が支払うべき税金（法人税など）を管理します。
財務は、財務諸表などを参考にして、経営状況が健全であるかをチェックし、資金調達・運用をどうするかを考える仕事です。

いい税理士を選ぶ基準は、税務と財務をきちんとこなせることですが、とくに重要なポイントは、「管理会計」「資金調達」「補助金支援」ができるかどうかです。

商売は、出したお金（投資した金額）より、手元に戻ってくるお金が大きければ（黒字になれば）成り立ちます。逆に出したお金より戻ってくるお金が少ない（赤字になる）と成立しません。それをコントロールして、いま、自社が出すお金が将来的にどれくらい大きくなって返ってくるのか、という点に鼻が利く税理士でないと経営はうまくいきません。それが「管理会計」ができるということです。

逆に、そんなことにはまったく鼻が利かずに、「節税はどうしましょうか」といった話しかできない税理士は、いい税理士とはいえません。さらに、新しいビジネスを仕かけるときに、「資金調達できるかどうか」「国などからもらえる補助金を引っ張ってこられるかどうか」も重要なポイントです。

■社労士は「労務と人事のプロ」

一方で社労士も、税理士と並んで会社購入と経営におけるキーパーソンです。

社労士は、労働法と社会保険制度の専門家ですが、もう少し平たくいうと、「労務と人事のプロ」です。

いい社労士を選ぶ基準は、「人事制度」「採用」「助成金支援」などについて、しっかりとサポートできることですが、とくに重要なのは「人事制度」に関する知識とスキルです。**「適切な人事制度作り」ができるかどうかで、経営がうまくいくか、いかないかが決まる**からです。会社購入では、経営者や経営方針が変わるだけでなく、当然、人事制度も大きく変わる場合があります。そこで、社労士の力を借りてうまく引き継ぎしないと、購入後の経営もうまくいきません。

■経営が順調な会社の社長に紹介してもらう

プロとして、どこまで経営者に的確な提案・アドバイス（＝経営支援）ができるかが、「で

「税理士・社労士」を味方につける

税理士

社労士

- 「お金」のプロ
- 投資とリターンに鼻が利く
- 資金調達・補助金支援ができる

- 「労務と人事」のプロ
- 「適切な人事制度作り」ができる（購入後、人事制度が大きく変わることも）

経営資源「人」「金」のプロの力を借りる

きる税理士、社労士」の条件です。

そうした税理士、社労士を見つけるためには、前述したように、交流会やオンラインサロンに参加するのも1つの方法ですが、**知り合いで経営がうまくいっている社長に声をかけてみるのもお勧め**です。「実は会社購入を考えているのですが、いい税理士さん、社労士さんをご存知ないですか？」と聞いてみるのです。

そして、できれば個人で活動している税理士、社労士ではなく、ある程度の規模の税理士事務所、社労士事務所にサポートしてもらうのが理想です（もちろん個人開業している人でも能力の高い人はいます）。

そのなかでも事務所の代表が最も能力が優れているはずなので、できるだけ代表か、それに代わる人に担当してもらえるように交渉することがポイントです。

税理士や社労士は、業務の性質上、一度頼んでしまうと途中で変更するのが大変なので、「慎重に選ぶ」ことが大切です。

ここまでが、会社購入の準備段階で、ぜひ行ってほしいことです。次章からは、いよいよ実際に「会社を探す方法」についてくわしく解説していきます。

第２章まとめ

▶まずは自身の「ニーズがある・稼げる・得意・好き」を棚卸しするところから始める

▶成功の第一歩は、会社を辞めるさいに「必死で引き留められる人」になること

▶交流会やオンラインサロンで「支援者・協力者」を見つけつつ、経営感覚を磨いて準備をする

▶いい税理士、社労士との出会いは事業にとってはプラスとなる

▶購入する会社の「業種・地域・規模・予算」を決めて計画を作成すれば効率的に準備できる

第3章

「承継者のいない会社」を探す方法

承継者のいない会社はたくさんある

■いい会社を見つけるには「探す順番」が重要

買う会社を探すときに大前提としてほしいのが、「承継者のいない会社は、たくさんある」ということです。それは、第１章で紹介したデータからも明らかですし、実際にみなさんの周りにも承継者のいない会社がたくさんあるものです。ですから、**買う会社を探すさいには、「承継者のいない会社」を有力候補先として位置づけましょう。**

承継者を探している会社はたくさんあるので、「知り合いにちょっと聞いてみる」だけでも、購入候補の会社は意外と簡単に見つかります。

ただし、承継者がいなくて困っているからといって、ここまでお話ししたように、彼らは「誰でもいいから譲りたい」と思っているわけではありません。「できれば親族（子ども）

に、それが無理なら、できるだけ身内的な親しい人に会社を継いでほしい」と思っているのです。超友好的な承継を目指すなら、その点を十分に理解・認識したうえでアプローチしていきましょう。

顕在的にも潜在的にも、承継者を探している会社はたくさんあり、これからますます増えていきます。ですから、躊躇せず積極的に探しましょう。ただし、限られた時間と予算のなかでいい会社を見つけるには、「探す順番」が重要です。まずは**身近な人へのアプローチから始めて、つぎのような順番で探す範囲を広げていくのがお勧め**です。

①「親戚」に聞く
②「旧知の社長」に聞く
③「税理士」に聞く
④「勤めている会社」の承継の可能性を探る
⑤「常連客として通う店」の承継の可能性を探る
⑥「国・地方公共団体」から紹介してもらう
⑦「M&Aマッチングサイト」で探す
⑧「M&A仲介会社」に依頼する

まずは親戚に聞いてみましょう。みなさんの親戚にも、1人くらい商売や会社経営している人がいませんか？　とにかくハードルの低い、身近なところから順番に探していくのが正攻法です。

■会社探しに妥協は禁物

会社探しにおいて、もう1つ大事なポイントがあります。それは、「中途半端に妥協しない」ことです。**「どうしても（絶対に）買いたい会社でなければ、買わない」くらいの強気でのぞみましょう。**それほど、承継者がいない会社はたくさんあるからです。

ただし、前章でお話ししたように、背伸びせず身の丈にあった会社をじっくり選んでください。その会社をきちんと経営できるのか、分不相応の会社ではないか、をよく考えて探し、最後は慎重に吟味・検討して決めることが大切です。

「親戚」に承継問題がないか確認してみる

■親戚だとスムーズに話が進みやすい

ここからは、会社探しの方法①〜⑧を、1つひとつ順番に見ていきます。

本書で推奨する「超友好的な会社購入」の視点で考えると、親が会社経営していれば、親から承継するのが理想的です。親が会社を持っていない場合は、親のつぎに身近な存在である「親戚」に当たってみましょう。親戚に会社や店を経営している人がいたら、承継問題を抱えていないか確認してみるのです。

相手が親戚であれば、もともと信頼関係があるので、赤の他人が取り組むよりも、スムーズに承継話が進みます。また、**どこの誰かもわからない人に会社を渡すのと違い、社員から見てもわかりやすく、納得感を得られやすい**でしょう。

某大手企業の役員Lさんは、親戚の高齢のご夫婦が経営するラーメン店を承継して、成功させました。

この店は、地元の観光名所になるほど人気のとんこつラーメン店で、経営状態は、ほぼ「赤黒トントン（利益がプラスマイナス0の状態）」でした。「秘伝のスープ」が売りで、営業時間は11時から15時までの4時間のみ。店を閉めている間はずっと翌日分のスープを仕込んでいる、「こだわりのラーメン店」です。

オーナーは、「そろそろ続けるのがしんどいので、店を閉めたい。でも、せっかく長年やってきて常連客もたくさんいるので、できれば誰かに引き継がせたいが、子どもは継いでくれない。しかし、他人に売るのは嫌だなあ……」と悩んでいました。

そんなとき、甥のLさんに目が留まり、「君なら、大企業の役員もしているし、うまく経営できるだろう」と声がかかったのです。

オーナーは、「自分のラーメンを、末長く、もっと多くの人（日本中の人）に食べてほしい」「そのためには、何か新しいビジネスモデルを展開しないと……」と考えていました。

そこでオーナーは、Lさんに自分の夢を託すべく、「ただ店舗経営を継ぐのではなく、秘伝のスープレシピや麺の製法をパッケージ化してEC販売するなど、新たな事業を展開できないか」と相談しました。たとえば、同店のラーメンを冷凍商品としてネットで全国販売したり、レシピをほかのラーメン店に販売したりして、ロイヤリティ収入を得ていくイメージです。

オーナーから、「店の経営と同時にそれがやれるのなら、譲っても構わない」と言われたLさんは、「ぜひやりましょう！」と承継を決意しました。Lさんにとっても、秘伝のスープや、この店のブランド力は非常に魅力的と感じられたのです。

実際に、「子どもが継いでくれず、高齢のオーナーが自力でがんばっている飲食店」は、全国にたくさんあります。それなりに繁盛している飲食店をやっている親戚がいれば、会社を承継するチャンスがあります。店のブランドや技術を活かして新たな事業展開ができるかもしれません。その意味でも、親戚で飲食店や小売店など何かしらの商店をやっている人は狙い目といえます。

■株主が複数に分散している場合は要注意

一方、親戚から会社を買うときに気をつけるべき点がいくつかあります。

1つ目は、「よけいなしがらみに惑わされず、利益や将来性をシビアに判断する」こと。

2つ目は、「経営者に子どもがいる場合は、子どもに承継する気がなくても、事前に『お金と株式』の話をしておく」ことです。

先ほど例に挙げたラーメン店承継の場合も、Kさんはオーナーの息子さん、娘さんと今後の事業展開やロイヤリティの分配、株式などについてきちんと話をして、納得してもらったうえで承継話を進めています。

ちなみに、**親戚間における承継の場合、「株主が複数に分散していて、**（売買金額などの）**調整の難易度が高い場合」は購入を諦めたほうがいい**でしょう。株式を複数の親戚が持ち合っていたり、すでに息子に相続対策で株式の一部を渡していたりする場合がよくあります。利害関係者が多いと、まず社長を説得し、つぎに社長の兄弟を説得し、息子や娘さんを説得して……と、調整が大変です。場合によっては人間関係をこじらせてしまうこともあるので要注意です。

親戚からの事業承継は、ゼロから信頼関係を築く必要がないので、承継作業がスピーディに進むだけでなく、多くの場合、承継後も経営を全面的にバックアップしてもらえます。まさに超友好的な会社購入の理想的なパターンなので、まずは親戚からアプローチしていきましょう。

「知り合いの社長」に声をかけてみる

■経営者と継続的に親交を深める

親戚のつぎに声をかけてほしいのが「知り合いの社長」です。たとえば、長年の付き合いがある取引先の社長、懇意の経営者などに聞いてみるのです。

新規事業支援などを行う会社のCEO・阪林和貴さんが、懇意にしていた社長が経営するイベント企画・運営会社を購入しました。購入したのは、「アトムブラザーズ音楽出版」という会社で、阪林さんは、かなり以前から同社の承継相談に乗っていました。その後、コロナ禍で会社が立ち行かなくなり、同社社長が阪林さんに、「承継者は君しかいない。何とか引き継いでもらえないだろうか」と懇願し、承継が成立したのです。

この承継によって、阪林さんは同社の代表取締役社長になったのですが、前社長には「会長」として残ってもらうことにしました。こういうパターンは通常のM&Aではあまりありません。会社を売却したら、旧経営者はその会社にノータッチという形になります。今回、阪林さんは前社長に「承継後は会長として残ってもらえませんか？　毎月、報酬を払うので、その代わり購入費は0円でもいいですか？」という条件を提示して了解を得たうえで承継したのです。

ちなみに阪林さんは、承継話が出る前から、前社長と頻繁に食事をしながら親交を深めていました。その結果、信頼できる人として承継者に選ばれたのです。この「食事をしながら話す」ことは、会社売買の交渉においては非常に大事な要素です（第5章で説明します）。

このように、経営者と継続的に親交を深めていると、「承継者が見つからなくて、いよいよ、どうしたらいいかわからない」という状況になったときに、あなたに声をかけてくれる可能性が高まります。できれば、1つだけの会社に的を絞らずに、複数の会社の社長と同時進行でそうした人間関係を築いておくといいでしょう。

仮に相手から頼まれなくても、十分な購入資金が用意でき、会社購入の準備が整えば、「じゃあ、私が買いましょうか？」と、こちらから声をかけてみるのもありです。重要なのは、承継の話をする前から、いろいろな会社の経営者と長期的、継続的に関わり、懇意になっておくことです。すると、どこかのタイミングで、会社購入のチャンスが舞い込んでくる可能性があります。

■本当は子どもに譲りたそうな場合は候補から外す

知人の社長と承継者問題について話すときに留意すべきは、その人が「いい後継者がいないんですよ」と言ったときに、2つのパターンが考えられることです。

1つ目は、「本当に承継者候補がいない」パターン。2つ目は「社内に息子（または娘）がいるが、頼りなくてあいつには継がせられない」と思っているパターンです。

後者の場合は、後になって「やっぱり息子に継がせることにしたよ」と言われる可能性もおおいにあります。もし「一応、承継者候補（子ども）はいるんだけど、ちょっと頼りないんだよね」と言われたときは、このまま、その案件に関わり続けるかどうかを慎重に判断すべきです。そして、もし「承継できる可能性が低い（本当は子どもに譲りたそうだ）」と感じたら、その時点で会社を承継する前提での付き合いはやめたほうがいいかもしれません。

「税理士」に紹介してもらう

■税理士は信頼度の高い仲介者

親戚、親しい経営者のつぎに声をかけてほしいのが「税理士」です。知り合いの税理士に購入希望条件を伝えて、それにマッチする会社がないか聞いてみましょう。

前述したように、会社探しにおける税理士活用の最大の利点は、**さまざまな会社と仕事をしていて、担当している会社の実態・実情を誰よりもよくわかっている**点です。「社長の経歴や性格」「承継者がいるのか、いないのか」「儲かっているのかどうか。儲かっているとすれば、何でどれくらい儲かっているのか」などを熟知しているのです。

社長は税理士に、外部の人には言えない内情を包み隠さず話しているので、**税理士からの情報提供・紹介はきわめて信用度が高い**といえます。また、会社を売りたい経営者は、「会社の内情をよく理解してくれている税理士に頼めば、最適な後継者を探してきてくれるはず」と考えています。つまり**税理士は、売る側にとっても買う側にとっても、非常に信頼度の高い仲介者**といえるのです。

税理士の紹介を通じて、ある美容外科クリニックを経営する医師が、別の美容外科クリニック（医療法人）を購入したケースがあります。買われたクリニックの前院長は、「そろそろ引退して、誰かに医院を譲りたい」という話を税理士事務所にしていました。それを聞いた現院長が興味を示し、2、3年一緒に働いて様子を見た結果、両者が合意し最終的に承継に至ったのです。

もちろん税理士には守秘義務もあり、ほかの会社の内情を何でも教えてくれるわけではないので、まずは信頼関係を築く必要があります。そのために2、3年かかる場合もあるので、前述のように準備段階でいい税理士を見つけて、親交を深めておくことが大切です。

■税理士自身が「誰かに事業承継したい」と考えていることも

税理士自身が承継問題を抱えていることもあります。近年、税理士業界も高齢化が進んでおり、60代、70代の方が多くいます。そういう方たちのなかには、世の中の変化や最新情報についていけず、引退して誰かに事業承継したいと考えている人も多いのです。

経営や企業動向、世の中の動きや最新トレンドを把握し、適切なアドバイスをしてくれる税理士かどうかをチェックし、できるだけいい税理士を選びましょう。

税理士は、一般の人が知らない掘り出しものの会社をたくさん知っています。親戚にも知り合いにも会社経営者がいない、誰に紹介を頼めばいいかわからないなど、探すツテがない場合は、税理士に聞いてみましょう。

ただし、信頼のおける税理士の紹介だからといって、その会社が必ずしもいい会社とは限りません。ユーザーとしてその会社のサービスを利用する、商品を買う、など自分の目で確認することが必要です。そのあたりのチェックポイントについては、第4章でくわしく説明します。

「勤めている会社」をそのまま承継する

■「役員就任」「一定以上の成果」「経営者へのリスペクト」が条件

あなたがいま、会社勤めをしているなら、「勤めている会社を譲ってもらう」選択肢もあります。いま働いている会社の社長に承継者がいなければ、現社長が持っている会社の経営権や所有権を譲渡してもらうことにより、あなたが会社を承継できる可能性があるのです。

ただし、そのためには役員になっておく必要がありますし、前章でお話ししたように、社内の誰もが認める圧倒的な成果を出していなければなりません。**社長から、「君なら、経営者としての十分な実力を備えているから大丈夫だ」と認めてもらうことが絶対条件です。**

勤めていた会社を承継した事例を２つ紹介します。

１つ目は、大阪で給食弁当・折詰弁当の製造販売や給食事業を手がける会社「お弁当の浜乃家」を承継した道勇泰孝さんのケースです。

道勇さんは、大学卒業後、税理士として会計事務所で勤務していたさいに、お弁当の浜乃家を担当。10年勤めて転職を考えている最中、同社から「専務として、またグループ会社の常務として来ないか」と声をかけられ入社しました。

入社後は、会計、システム開発、品質管理など多岐にわたり業務を担当。大阪市が中学校向けの給食事業を開始したさいに入札し、３億円の売上を上げました。しかし、大阪市が給食を廃止したことを機に、前社長は高齢でもあり、新しいことに挑戦するのが難しいとの判断から、事業承継に踏み切る決断をしました。そこで道勇さんが、前社長より承継の打診を受け、代表取締役に就任しました。ちなみに道勇さんは、その後、知り合いからの紹介で、もう１つ別の惣菜・おせち製造の会社も承継し、経営手腕をふるっています。

２つ目は、ベンチャー企業支援などを行う会社「あきない総合研究所」で長年社員として勤めてきた細野耕平さんが、同社を承継したケースです。

同社は、業界ではカリスマ的なコンサルタント・吉田雅紀さんが創立した会社ですが、近年ずっと「いい承継者が見つからない」と困っていました。同社とお付き合いのあった私も心配していたのですが、2020年の7月、細野さん（当時、取締役）に会社を承継すると、報告を受けました。

前社長（現会長）の吉田さんは、当初、外部にいい承継者がいないか探し、ずいぶん検討したそうです。しかし最終的に、社外には後継者として最適な人がいない、という結論に達し、細野さんに経営を託すことを決断したのです。

あきない総研は、吉田社長時代に多くの事業を手広く展開してきましたが、細野さんが役員になってから、収益性の高い事業に集約していくために、収益性の低い事業をどんどん整理し、結果として順調に業績も改善。今回の承継は、その功績も大きく評価された結果でした。


勤めている会社の承継者候補として社長に認めてもらうためには、「決して媚びることなく、経営者をリスペクトしながら、自分の意見を伝える」ことが不可欠です。

おそらく細野さんは、社長の意向に理解を示し尊重しつつも、決して媚びることなく、シビアに直言してきたのだと思います。吉田さんは、創業以来長年にわたり「未来ある起業家を支援したい」という志を持って経営してきました。そのスピリッツを引き継いでくれて、うまく経営できる人、ということで細野さんに経営を託したのです。

■自分なりに緻密な計画を立てて実行する

将来、自社の社長になるつもりなのか、役員までがんばるのか、途中で転職するのか、によって働き方も違ってくるでしょう。いまの会社を承継したいのであれば、当然ですが、平社員からいきなり経営者になるのは無理な話です。まずは勤務先の会社で活躍して役員になれるように、自分なりに緻密な計画を立てて実行することが重要です。

ただし、自社を承継するのはあくまでも1つの可能性です。何年もかけていまの会社に勤めて仕込みをしても、必ず会社を譲ってもらえる保証はありません。**社外の人間が承継する可能性もあるので、それも視野に入れておくべきでしょう。**

できれば、どこかの時点で承継について社長と膝を突き合わせて話をし、承継の時期や予算などについて話しておくことをお勧めします。

「常連顧客として通う店」を承継する

■オーナーと懇意にしていれば承継につながるケースも

つぎが、「常連顧客として通う店」を承継する、という選択肢です。飲食店やショップなどで、お客さんとしてふだんからオーナーと懇意にしていれば、その店を安く譲ってもらえる可能性があります。

ある菓子店を、お客さんとして頻繁に利用していた方が承継した例を紹介します。

兵庫県豊岡市に本社を構える和洋菓子の専門店「豊岡わこう堂」を承継した新古祐子さんは、もともと商品開発や店舗経営のアドバイザーとして同店と関わりがありました。それをきっかけに、その後もお客さんとして定期的にお店を利用するようになったそうです。

新古さんは、お店に通ううちにスタッフのみなさんと交流する機会も増え、徐々に親しくなっていきました。

そんなとき、親交を温めていた前社長が逝去。前社長と新古さんの信頼関係を知っていた同店の運営会社から「ぜひ、この店を継いでいただけませんか？」と打診があったのです。同店のお菓子に大きな魅力を感じており、前社長の「地元の銘菓を作りたい！」という思いを何とか引き継ぎたいと考えた新古さんは、自身が経営する会社による承継を決断したのです。

■「承継者のいない繁盛店」は意外に多い

その店に承継者がいるかどうかは、顧客として仲良くなれば、会話のなかで自然に教えてもらえます。とくに地方には、繁盛店ではあるものの、高齢者が経営していて承継者がいない店がたくさんあります。顧客として魅力的に感じたら、承継を検討してもいいでしょう。

買うべきか否かの判断ポイントの1つは、その店（**商品・サービス**）**のブランド力と、既存顧客がどれくらいいるか**です。ブランド力があって、お客さんがたくさん入っている繁盛店なら、買う価値があるでしょう。逆に、安く買えるからといって、あまり繁盛していない店を承継しても、よほど経営力がない限りうまくいく可能性は低いので、手を出さないのが無難です。

商店、とくに飲食店は、承継後の事業展開において、大きな可能性を秘めている場合があります。先ほど例に挙げたラーメン店（114ページ）のように、パッケージ化してEC事業展開する、またはFC（フランチャイズ）事業化するといったビジネス展開が考えられるからです。そういう意味でも、仲のいいオーナーが経営している店に、積極的に声をかけてみるのはお勧めです。

■最初のステップは店に通って親しくなること

自分が常連で承継者を探している店がなければ、知り合いに、「繁盛店で承継者がいないお店、知らない？」と聞いてみましょう。

そうした店が見つかったら、**まずは通って常連になる。ある程度親しくなったら、食事をする機会を作って、さらにくわしい話を聞く、というステップを踏む**といいでしょう。

ただし、あまり親しくなっていない段階で、「この店を承継したいんですが」と明確な意思表示をするのは避けるべきです。まずは顧客として親しくなり、つぎのステップとして、経営や承継者の悩みを相談されるなかで、「じゃあ、私が継ぎましょうか？」と聞いてみる。これが自然な流れです。

超友好的な会社売買では、仲のいい人に引き継いでもらうのが基本的なコンセプトなので、前提として「身内のように親しくなる」ことが必須条件です。くれぐれも、その順番を間違えないようにしてください。

ここまでお話ししてきたように、まずは身近なところから順番に探してみましょう。そして重要なのは、**つねに周りにアンテナを張っておく**ことです。小学生の娘の授業参観で、ほかの父親と仲良くなり、その人が関わっている承継者不在の会社を買うことになった事例もあります。

ほとんどの経営者は、見ず知らずの人に会社を売ることに抵抗感を持っています。身近な人、懇意な人であれば、「この人にならら譲りたい」と思ってもらえる確率が高まります。意外と身近なところに、会社を買うチャンスが転がっています。それを見逃さないようにしましょう。ただし、親しくなると話がなあなあになってしまうこともあるので、購入に関してはくれぐれもシビアに判断することを忘れないでください。

「国・地方公共団体」から紹介を受ける

■事業承継支援サービスを利用してみる

ここまでお話ししたことをすべて実行しても、どうしても希望の会社が見つからない場合は、「国・地方公共団体の事業承継支援サービス」や「M&Aマッチングサイト」「M&A仲介会社」を利用してみましょう。

本書で提唱するのは、身内のような関係になって「超友好的」に会社を買うことなので、ここで紹介する内容は、あくまでもオプション的な選択肢と思ってください。

まずは、国・地方公共団体が提供する事業承継支援サービスについてです。

近年、国や地方公共団体も、企業の承継問題解決のために積極的に支援しています。代表的なものが、都道府県ごとに設置されている機関「事業承継・引継ぎ支援センター」が提供している「後継者（人材）バンク」です。これは、承継者を探している企業・個人事業主と、会社購入を希望している企業・個人事業主のマッチングを行うサービスです。

M&A仲介会社に仲介を頼めば、さまざまな手厚いサービスを提供してくれますが、仲介手数料など費用がかかります。しかし、こうした公的機関のサービスであれば、登録料もかからず、相談も無料で受けられます。いわば「会社探し・承継者探しのハローワーク」のようなものです。

事業承継・引継ぎ支援センターは、承継者が見つからない社長の駆け込み寺として、日々、相談者が増えています。会社購入を希望する人は、希望条件を伝えて登録。承継者を探している会社の目に留まれば、「一度お話ししませんか？」とオファーがかかります。

事業承継・引継ぎ支援センターを活用して、30代の会社経営者が、福井県にある創業100年以上の老舗和菓子メーカーを購入したケースがあります。

この老舗和菓子メーカーの社長は高齢となり、いままでのような「攻めの経営」が難しくなったと判断し、後継者を探そうと、県の事業承継・引継ぎ支援センターに相談。それから2年ほどかかったものの、障害者就労支援を手がける若手経営者Mさんの目に留まり、交渉を開始。通常は成約までに1年以上かかるところを、交渉スタートからわずか3か月というスピードで承継が成立しました。

■コネやツテがなければ利用してみるのもあり

国や地方公共団体は、こうしたサービスのほかにも、税金優遇、補助金支給などを通じて、企業の承継者探しと承継希望者の会社購入を支援しています。

ただし、こうした公的機関に登録している企業のなかには、**資金繰りや利益率が悪い会社も多いので、相談員にこちらの条件を明確に伝えて、納得いく形で紹介を受けることが重要**です。

そのためにも、支援センターの相談員と懇意になっておきましょう。

そうすれば、親身になっていい会社を紹介してもらえる可能性が高まります。ハローワークも、頻繁に通って相談員と親しくなれば、より有益な情報提供を得られる確率が高まるのと同じです。

こうした**公的機関のサービスの最大の利点は、コネやツテ、会社探しのための資金がなくても、購入候補となる会社を紹介してもらえる点**です。

先に紹介したような、親戚や知人、税理士の紹介に比べれば、いわゆる「掘り出しもの」の案件に出会う確率は低いかもしれません。

しかし、親戚に聞いても、知り合いの社長に聞いてもいい会社が見つからない、税理士の知り合いもいない、いま働いている会社を引き継ぐ可能性もゼロ。そんな場合は、こうしたサービスを利用してみるのも1つの方法です。

「M&Aマッチングサイト」で探す

■「会社を売りたい人に、すぐに出会える」のが利点

前述したように、M&Aマッチングサイトを利用すれば、ネット上で売りに出ている会社を手軽に探すことができます。

マッチングサイトを活用して会社を購入した事例は、序章のM&A事例集を中心にすでにいくつか紹介しましたが、ここで、もう1つ同様の事例を紹介しておきます。あるメーカーに勤めていた会社員が、M&Aマッチングサイトで探し出した「パン屋」を購入した事例です。

長年にわたり営業の仕事をしていたNさんは、「転職するか、起業するか」と考えていました。そんなとき、ある本を読んで、個人が小規模の会社を引き継ぐM&Aという選

択肢があることを知り、複数のM&Aマッチングサイトに登録。約1年の間に20件以上の売り案件オーナーと交渉をしたそうです。登録したサイトで、店舗などさまざまな案件をチェックして各社と交渉を続け、自宅近くにあるパン屋を最終候補として選びました。

その後、お店を直接訪れたNさんは先方と諸条件について交渉。売買金額についても両者が合意し、初回の面談でほぼ基本合意に至りました。こうして、晴れて社長となったNさんは、今回の経験を活かして、今後もM&Aに取り組む意欲を見せているそうです。

このように、M&Aマッチングサイトの最大の利点は、誰でも、「会社を売りたいと思っている人たちに、いますぐに出会える」という点です。出会い系サイトではありませんが、まずは手軽に「出会う」ことを重視する人にはお勧めのツールといえます。M&Aマッチングサイトの活用は、超友好的な会社購入と相反すると思うかもしれません。しかし、**ここで出会った経営者といい関係性を築いていき、最終的に超友好的な承継にもっていくこともできます。** とにかく「出会いのきっかけ」を作ってくれるのが、M&Aマッチングサイトの役割と考えてください。

現在、数多くのM&Aマッチングサイトがありますが、大きく2つのタイプに分類されます。1つ目は、前述のBATONZ（バトンズ）のようにM&A仲介会社が運営しているサイト、2つ目は、マッチングの場（プラットフォーム）のみを提供している、前述のTRANBI（トランビ）のようなサイトです。

M&A仲介会社が運営しているサイトでは、大小さまざまな案件が掲載されていますが、仲介会社として売買できずに残ってしまった案件が掲載されているケースもあります。不動産売買でいう「売れ残り物件」です。その点を念頭に置いたうえで、より目利きの部分に注意を払って、時間をかけていい会社を探すことが重要なポイントといえるでしょう。

M&Aマッチングサイトでは、多種多様な業態の会社、さまざまな価格帯の案件を掲載しているので、選択肢が豊富にあります。したがって、希望の「業種、地域、規模、予算」などを事前に決めて、条件を絞り込んで探していくことがポイントです。

■複数のM&Aマッチングサイトに登録してみる

先ほど挙げた事例のように、同時に複数のM&Aマッチングサイトに登録して、希望条件の会社を探すのも1つの方法です。**登録するM&Aマッチングサイトを選ぶポイントは、「案件数の多さ」「ユーザー数の多さ」「マッチング実績」などです。**掲載されている案件数やユーザー数（売り手と買い手の数）、実際にマッチングが成立した数が多ければ、それだけ信頼性の高いサービスといえます。

加えて、「手数料」がいくらかかるのか、も重要なチェックポイントです。M&Aマッチングサイトの利用は、基本的に手数料が発生しますが、サイトによって「売り手は無料／買い手は有料」というパターンと、「双方が有料」というパターンがあります。なかには、比較的安価な月額費用だけで利用でき、仲介手数料が発生しないサイトもあるので、費用については登録前にチェックしておきましょう。

M&Aの専門家やアドバイザーからのアドバイスを受けられるサイトもあるので、初めて会社購入にチャレンジする人は、そうしたサポートのあるサイトを選ぶのもいいかもしれません。

M&Aマッチングサイトは、それぞれ特徴やサービス内容が異なります。利用する場合は、比較サイトなども参考にしながら、慎重に選ぶことをお勧めします。

資金があるなら「M&A仲介会社」に依頼

■どうしてもいい会社が見つからない場合の最終手段

いろいろ手を尽くしても、どうしてもいい会社が見つからない場合の最終手段が、「**M&A仲介会社**」**の利用**です。前述の「事業承継・引継ぎ支援センター（後継者バンク）や、M&Aマッチングサイトで探したけれど、あまりいい案件が見つからなかった」人や、「会社探しに充てられる十分な資金がある」人は、一度M&A仲介会社に相談してみてもいいでしょう。就職活動にたとえるなら、親戚や知り合いの社長からの紹介が「縁故採用」、事業承継・引継ぎ支援センターやM&Aマッチングサイトが「ハローワーク」、そしてM&A仲介会社が「人材紹介会社」といった感じです。

M&A仲介会社を活用するおもなメリットはつぎのようなものです。

●相手の経営者と親しくなるための手間を省くことができるので、効率的かつスピーディに会社購入ができる
●業種・地域・規模・予算などの希望を伝えれば、それに合った会社を探してくれる
●いい会社かどうかの目利きをM&A仲介会社がしてくれるので、一定の安心感がある
●売りに出ていなくても、「この会社を売るように説得してほしい」という要望にも応えてくれる

最後のポイントにあるように、相手が売る気になるまで待つのではなく、売る気のない経営者を説得して「売る気にさせる」こともできるのがM＆A仲介会社の神髄です。

事例として、介護サービスを行う「社会福祉法人 博悠会」と、台湾のハイテク企業「RiTEK（ライテック）」のM＆Aがあります。両社を仲介したのは、グロウシックス（Growthix Capital）というM＆A仲介会社で、同社が博悠会を説得して、友好的なM＆Aが成立したのです。

しかし、繰り返し述べているように、M＆A会社の利用は、基本的に仲介手数料などの費用が発生するので、案件によっては購入価格が高くなる場合もあることを覚えておきましょう。

一度会社を購入すれば、紹介・案内話は向こうから勝手にやってくる

■銀行が「仲介者」になることも

ここまで、買う会社を探すための8つの方法を紹介しました。承継者がいない会社はたくさんあるといっても、いい会社にたどり着くまでには、多くの時間がかかるでしょう。初めて会社購入をする人にとっては、それなりに大変な作業かもしれません。

しかし、もしあなたが将来的に会社購入を継続して行っていきたい、と考えているのなら、どんなに小規模の案件でもいいので、「まずは一度、会社を購入してみる」ことが重要です。

一度でも会社購入の経験がある人のところには、M＆A仲介会社はもとより、知人など各方面から、「こんな会社が売りに出ていますが、買いませんか？」という紹介・案内話がたくさん集まってきます。**実績のある人のところには、新たな案件が向こうから勝手**

にやってくるのです。

そうした仲介者の1つに、銀行などの金融機関があります。

前述したように、承継者のいない中小企業経営者の多くは、金融機関からの会社の借入金の保証人「債務保証」から外れたい、と願っています。そこで、彼らはまず金融機関側に「何とか、この債務保証を外してもらえないだろうか」と相談します。

しかし金融機関側は、倒産などによる貸倒れを最も恐れているので、よほどのことがない限り、債務保証を外してはくれません。ましてや経営者が高齢であれば、社長に万が一のことがあったら……と考えるので、債務保証を外してもらうのは難しいのが現状です。

そんなとき金融機関は貸付をしている会社の経営者に、「そんなにお困りでしたら、会社を売ったらいかがですか？」という提案をするのです。経営者が「債務保証から外れるのなら、会社を売ってもいい」と納得し、経営基盤のしっかりしている会社の経営者、経営手腕のある人が買ってくれたら、金融機関側も貸倒れのリスクが減って安心です。

金融機関は貸倒れリスク回避のために、こうした形で他企業に「この会社を、債務も含めて何とか買い取ってもらえませんか？」という提案をしてくることがよくあります。ちなみに、金融機関や案件によって仲介手数料が発生する場合と、しない場合があるので、その都度確認してください。

このように、すでにあなたが会社を経営していて財務状態がよければ、また、会社購入の実績があれば、新たな会社売却話が自然に舞い込んできます。将来的に会社購入を続けていきたいなら、ぜひ、第一歩を踏み出してみましょう。

■身近なところから探すのが成功の近道

以上が、買う会社を探す、おもな方法です。

繰り返しますが、ポイントは「探す順番を間違えない」ことです。まずは身近なところから探し、徐々に範囲を広げていくのです。

M&A仲介会社が仲介する優良案件は、往々にして、資金力や経営力のある人（会社）**＝強者が、いい案件を持っていってしまいます。**同じ土俵では、資金力も経営力もない人＝弱者は負けてしまうのです。しかし、承継者探しをしている多くの中小企業経営者は、そういう強者に高額で会社を売りたいわけではありません。本当に信頼できる人、売却後もいい関係でいられる人に「超友好的に」会社を譲りたいと思っているのです。

だからこそ、身近なところから会社を探すことがお勧めなのです。ぜひ、ここでお話しした順番、アプローチ方法で会社探しにチャレンジしてみてください。

第３章まとめ

- ▶承継者のいない会社を超友好的に承継するには、順番とコツがある
- ▶親が経営者でなくても、親族が経営者であれば会社を承継できるチャンスはある
- ▶知り合いの社長が承継問題に悩んでいることもある。長期間・継続的に親交を深めておく
- ▶勤めている会社の承継問題にフォーカスすれば、大きなチャンスが得られる
- ▶常連として通う店、国・都道府県の支援によるマッチングなどなど、出会いはどこにでもある
- ▶M&Aマッチングサイトで誰でも手軽に会社を買える

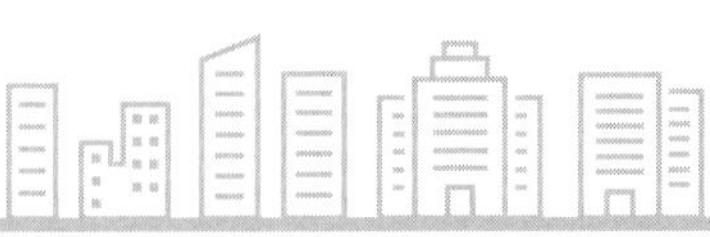

第4章

「素人感覚」で会社を買うかどうかを判断する

「顧客として魅力を感じるか」で商品・サービス力をはかる

■いい会社かどうかを判断するためには「素人感覚」

買いたい会社の候補を絞り込んだら、つぎに、その会社を購入するかしないかを、さまざまな視点でチェックします。「よし、買おう！」と決める前に、本当に買う価値のある会社かどうかを入念に「精査し」、買うべきかどうかを正しく「判断する」のです。

そのためのチェック方法・ポイントは多岐にわたり、時間をかける必要があります。段階を踏んで、つぎのようなステップで進めていきましょう。

ステップ①　「素人感覚」で判断する
ステップ②　「相手の経営者と食事をしながら」判断する
ステップ③　「数字（財務状況）」で判断する

ステップ④「資料精査」でリスクを洗い出す

本章では、まずステップ①の「『素人感覚』で判断する」のポイントを解説します。**会社購入においては、最初に「素人感覚」で判断することが非常に重要**です。もちろん最終的には財務状況など、細かい数字を見て精査・判断する必要がありますが、むしろ素人目線のほうが、シンプルにいい会社かどうかを判断できます。素人目線だからこそ、よりリアルに本質を見抜けるのです。まずは、購入候補の会社が売っている商品や提供サービスを利用してみましょう。その商品・サービスに対して、「これはいいね！」と思えるかどうかがポイントです。

最も重要なチェックポイントは、「**提供している商品・サービスに魅力があるかどうか**」です。具体的には、

- 企業ホームページや宣伝・広告などを見て、商品・サービスを買ってみたい、使ってみたいと思うか（期待値が高いか）
- 実際に買ってみて（使ってみて）、顧客として満足度が高く、また利用（リピート）してみたいと思うか

をチェックします。

■実際に仕事を発注して「顧客目線」でチェックする

こうした顧客目線に立ったチェックは、ＢｔｏＢ事業がメインの会社でも同様に行ってください。

前述した、アトムブラザーズ音楽出版を購入した阪林さんの場合（117ページ）も、この顧客目線を重視して購入の是非を判断しました。阪林さんは、同社の購入を決断する前に、一度、顧客として同社にイベント運営を発注。見積りから打ち合わせ、企画・運営、請求までの流れを見て、非常にオペレーションがしっかりしていると感じ、購入を決断したのです。

このように、**商品・サービスを利用したり、実際に仕事を発注してみれば、対応やオペレーションの仕方などを、顧客目線で見て、「満足度が高いかどうか」をチェック**できます。とりあえず見積りだけでも依頼してみましょう。見積りを取ってその会社とやり取りしてみれば、多少なりとも商品・サービスや、その会社の良し悪しが見えてきます。

この「顧客目線」は、会社購入において非常に重要なポイントです。**顧客満足度が、その会社の「商品力」＝「そこにどれだけの価値があるか」をはかるバロメーターになるか**らです。

ただし、素人感覚、顧客目線で判断しようとしても、「この会社を買いたい」という気持ちが強すぎると、ニュートラルな視点での判断ができなくなるので要注意です。判断によけいな思い込みやバイアスがかからないように、第三者の客観的意見も参考にしましょう。たとえば、**友人知人などに、「この会社のこの商品、買いたいと思う？」「実際に使ってみてどうだった？」と聞いてみる**のです。

後述する「数字（財務状況）」で会社の良し悪しを判断する部分では、税理士など専門家の力を借りる必要があるかもしれませんが、まずは、あなた自身の素人目線、顧客目線で判断することが重要です。

「その会社で働きたいか」で組織力・組織風土をチェックする

■社員たちが楽しそうに働いているか？

目星をつけた会社を買うかどうかを、素人感覚でシンプルに判断する基準の2つ目は、客観的に見て**「『この会社で働いてみたい』と思えるかどうか？」**です。

たとえば、買いたい会社が飲食店だとしたら、実際にその店をお客さんとして利用してみて、「この店なら、社員として一緒に働いてみたいな」と思えるかどうかを確認するのです。

ここでも「素人感覚」が大事なポイントです。「その会社（店）で働いてみたいと思える雰囲気かどうか」が重要な判断材料になるのです。「雰囲気」とは、やや曖昧な表現ですが、もう少し具体的にいえば、「そこで働く人たちの表情や態度（言動）」です。そして、働く人たちの表情や態度から醸し出される「会社（店）全体の雰囲気」、そこからわかるのは、その会社の「組織力」や「組織風土」です。

「組織力」とは、「いかに働きやすい組織（職場）が作られているか」です。組織力が高い会社は、「いい人材を幅広く採用し、長期間にわたり定着して働いてもらっている会社」＝「採用力と定着力のある会社」です。こうした会社では、適切な「報酬・環境」「人事評価制度」「教育制度」が整備されており、従業員にとって「やりがい（モチベーション）」を感じられる組織となっています。

その会社独自の「組織風土」も雰囲気に表れます。組織風土とは、その会社独自の（皆で共有している）考え方や価値観です。たとえば、製品やサービスを提供するうえで、何を一番重要視するのか、顧客にどういう点にこだわって接するのか、といったことです。

とくに中小企業では、社長の価値観が会社全体に影響・反映されるので、それに合う人は会社に残り、合わない人は辞めていきます。結果として、会社には同じような考え方、雰囲気の人が集まって（残って）いるのです。

買いたいと思っている会社が一般企業であれば「会社訪問・見学する」「一緒に働いてみる」などして、その会社の雰囲気を観察してみましょう。

私が前述のクリエイトマネジメント協会を購入するさいにも、実際に顧客として同社の研修を受け、社員のみなさんがどんな様子で働いているのかを確認しました。みなさんが誇りを持って楽しそうに働いているのを見て、安心して購入に踏み切ることができたのです。会社を購入したら、実際にその人たちと一緒に働くわけですから、その意味でも、社員たちのリアルな姿を知っておくことは重要です。

■会社の組織風土はそう簡単に変えられない

さらに、対顧客や従業員同士のコミュニケーションの様子も大事なチェックポイントです。みなさんがふだんコンビニや飲食店を利用するときも、「ここの店員は雑談も多いし、接客態度もいま1つ。スタッフの教育がなっていないな」と感じる店もあれば、「ここの店員はみんな、動きがスピーディで気も利くし、レベルの高い店だな」と思う店もあるでしょう。

顧客目線で、挨拶の仕方、アイコンタクトの取り方、従業員同士の会話・雑談の内容などをチェックしてみましょう。その様子が、お客さんとして「気持ちがいい」と感じるかどうかが重要です。挨拶やコミュニケーションが粗雑な人が多い職場は、組織力が低い（または、組織風土に問題がある）可能性が高いといえます。

会社の組織風土や、そこで働く人たちのモチベーションは、事前にしっかり確認しましょう。

もちろん資金や工夫さえあれば、会社購入後に商品やサービスは改善できます。しかし、**長年にわたり培われてきた従業員の価値観や、社員のモチベーションを短期間で変えることは、後からやって来た経営者には至難の業**です。もしあなたの考え方と、彼らの考え方との間に埋められない溝、大きな乖離が存在したまま会社を購入してしまったら、取り返しのつかないことになります。

ただし、会社の風土や社員のモチベーションは、一度その会社や店を見ただけではわからない場合もあります。１回の確認、一部の社員の印象だけで決めつけずに、何度か足を運び、ほかの社員の様子や別の要素もチェックして、慎重かつ冷静に判断しましょう。

「清掃・整理整頓が行き届いているか」で仕事のクオリティレベルをはかる

■飲食店はテーブルやメニューをチェックする

つぎのチェックポイントは、オフィスや店舗の「清掃・整理整頓が行き届いているか」です。「そんなことで会社の良し悪しがわかるの？」と思うかもしれませんが、これは非常に重要なポイントです。その**会社（従業員）の仕事のクオリティレベルや、仕事への意識の高さが、清掃や整理整頓の状態にはっきりと表れる**からです。

とくに、事務所であれば受付周りや応接スペース、お店であればレジ周りや客席周辺、トイレなど、顧客から見える範囲がきれいになっていないと、おおいに問題ありです。お客さんから見える場所さえ、きれいになっていないのですから、当然、見えない部分がきちんと清掃・整理整頓されているわけがないのです。

飲食店の場合は、アイドルタイム（手が空いている時間）があるにもかかわらず、清掃や片づけが行き届いていない店は、仕事のクオリティに対する意識が低いといえます。

たとえば飲食店のなかには、お客さんもほとんどおらず、そんなに忙しそうに見えないのに、テーブルが片づいていない。また、油でベトベトになったメニューがそのままになっているお店があります。お客さんがずっと入りっぱなしで余裕がないならまだしも、空き時間があるにもかかわらずその状態なら、そもそもやる気（サービスのクオリティを高めようという意識）がないと判断されても仕方ありません。

そういうお店は、**「生産性」を意識していない**のです。生産性を意識していれば、暇な時間に、「よし、いまのうちに掃除しておこう」と思うはずです。また、そんな状態のお店は、**コミュニケーションの基本である「報連相（報告・連絡・相談）」が徹底できていない可能性が高い**です。従業員間のコミュニケーション不足は、そういった部分に表れることが多いのです。

■書類を平積みにしている会社は生産性が低い

一方、オフィスであれば、チェックポイントは、「（全体的に）書類や資料をあちらこちらに平積みにしていないか」です。書類を平積みにしている会社は、うまく情報整理・活用ができていない、やはり「生産性の低い会社」といえます。そういう会社は、そもそも資料を整理整頓しようという意識が低く、必要な情報を探すことに余分な時間を使っているはずだからです。

私は以前、もう1社別の会社を買おうかと考えていましたが、いろいろと検討した結果、購入をやめたことがあります。その理由の1つは、会社の玄関が汚く、社員の靴が乱雑に置かれていて、資料が平積みにされていたからです。

会社を購入するプロセスでは、数多くの会社のなかから、できるだけいい会社を探し、確実に選ぶ必要があります。スクリーニング（選別）の初期段階では、個々の企業の細かいデータの調査・検証に時間をかけられません。まずは、「清掃・整理整頓」面をチェックすれば、会社の良し悪しや仕事への意識・クオリティの高さをかなりの精度で見分けられます。

ただし、先ほど述べた「会社の雰囲気」と同じように、清掃・整理整頓が行き届いていない会社のすべてがダメな会社とは限らないので、ほかの要素も含めてトータルに判断することが大切です。

「求人広告」で経営状態や職場環境をチェックする

■求人広告の頻度で離職率がわかる

素人感覚で簡単に「いい会社かどうか」を判断する方法として、その会社の「求人広告をチェックする」こともお勧めです。**求人サイトに「頻繁に求人広告を出している会社」＝「離職率が高い会社」である可能性が高い**からです。

しかも、長期間にわたって求人広告を出し続けているのに従業員数がほとんど増えていないようなら、その会社は、採用しても採用しても人が辞めてしまう、離職率が高い会社かもしれません。

購入を考えている会社の「会社名＋求人」でネット検索して、どんな求人広告をどんな内容でどれくらいの頻度で出しているのか、また、従業員数は増えているのかをチェックしてみましょう。

離職率が高い会社は、トップやマネジメント層に問題がある、経営状態や職場環境などに問題がある（職場の雰囲気が悪い）など、内部に何かしらのマイナス要因を抱えている会社です。しかも、**離職率の高い会社は、往々にして採用・社員教育にコストがかかりすぎていて、利益が出づらい状態**になっています。そんな会社を買ってしまったら、後々、経営難に陥る可能性が高いので、購入を避けるのが得策でしょう。

私が知っているある福祉系の会社も、新しいスタッフが入っても、だいたい2か月以内に退職してしまう状態に陥っています。職場環境などさまざまな問題を抱えており、雇っても雇っても次々と辞めてしまい、定着しないのです。そうした会社を知らずに買えば苦労するでしょう。

一方で、**求人広告をほとんど出していない会社は、経営が安定している、または順調に成長している優良企業である可能性が高い**です。こういう会社は、求人広告を出さなくても「リファラル（紹介・推薦）」で優秀な人材がどんどん入ってきますし、採用した人が定着してくれるため、離職率が低いのです。

ただし、求人広告を高頻度で出していても、経営状態がいい会社もあります。拠点を増やしている、事業を急激に拡大している、採用基準が高い、といった場合です。単純に「求人が多い会社＝問題のある会社」と決めつけずに、その企業に関するさまざまな情報を収集してトータルに判断しましょう。

■内容をチェックすれば健全な経営かどうかがわかる

さらに、求人広告の出稿頻度だけでなく、そこに書いてある内容もチェックしましょう。**給与の説明で、「あなたのがんばり次第で、手取り〇〇万円も可能！」などと、歩合額を大きく打ち出している会社は要注意**です。健全な経営・マネジメントが行われていない、適正な人事評価制度が整備されていない可能性があるからです。

求人広告で「幹部クラスの人材」を頻繁に募集している会社も要注意です。役員やマネジャーなど、管理職が定着しない会社である可能性が高く、そうした会社は当然「組織力が弱い」からです。

同時に、**「求人に関する口コミサイト」もチェック**しましょう。「OpenWork」や「転職会議」などのWEBサイトには、就職活動でその会社の面接を受けた人、実際にその会社で働いていた人の、リアルな意見や感想が書き込まれています。もちろんすべての情報を鵜呑みにするのは危険ですが、そうしたコメントも参考にしながら、会社の良し悪しを判断しましょう。

さて、ここまでの話は、「人材が定着している会社＝いい組織である」という前提に立った話でした。一方で、特定の業界・分野、またその会社が手がけている事業内容によっては、「人材が流動的＝うまくいっている会社」の場合もあります。

たとえば、一部ベンチャー企業やスタートアップなどでは、短期間で、どんどん人が入れ替わっていくことがあります。求人広告の出稿頻度が高いことがプラス評価になる場合もあるので、そのあたりも念頭に入れて、求人状況を分析・判断する必要があります。

いずれにせよ、購入候補会社の求人状況をチェックすることは、やろうと思えばすぐできることなので、会社購入の有効な判断材料としてください。

「競合の会社」も顧客として利用してみる

■競合と比較すれば確信が生まれる

本章の冒頭で、「顧客として魅力を感じるか」が、買うに値する会社か否かの判断基準になる。そのためには、実際にその会社の商品・サービスを使ってみることが大事だとお話ししました。

それに加えてもう1つやってほしいことがあります。それは、購入を考えている会社を「ライバル会社（競合）と比較してみる」ことです。会社購入するさいには、競合分析が必須です。**会社購入後に競合となりそうな会社の商品・サービスを利用して、顧客として**（素人目線で）**「どちらの商品・サービスが、より魅力的か」「どちらを再び利用したいか」と比べてみると、その会社の魅力・価値がより明確にわかります。**

私がクリエイトマネジメント協会の購入を検討しているときも、実際にほかの「お寺で研修を行っている会社」も利用して、同協会の研修と比較し、これならクオリティ面で勝っているな、と確信できたことが、同社購入の判断材料の1つになりました。

この比較作業での注意点は、**サービス内容や業態によっては、「提供品質が毎回一定であるとは限らない」こと**です。したがって、買いたい会社と競合を複数回利用してみることをお勧めします。

たとえば、承継者のいない「そば屋」の購入を検討中だとしたら、そのそば屋と同時に、近隣にある「ほかのそば屋」に何回か通ってチェックしてみましょう。味はどうか、店内の雰囲気はどうか、接客態度はどうか、時間や曜日によって何か違いがあるのか、などを確認・比較してみるのです。

■競合に劣っている場合は「改善できるか」を考える

もし、**買いたい会社が、魅力・価値の点で競合より劣っていると感じた場合は、すぐに購入を諦めるのではなく、会社購入後に「自分ができる工夫で何とかなるか**（改善できるか）**どうか」を考えてみましょう。**

競合が、前述のような「秘伝のスープ」が売りのラーメン店で、「これは、どうあがい

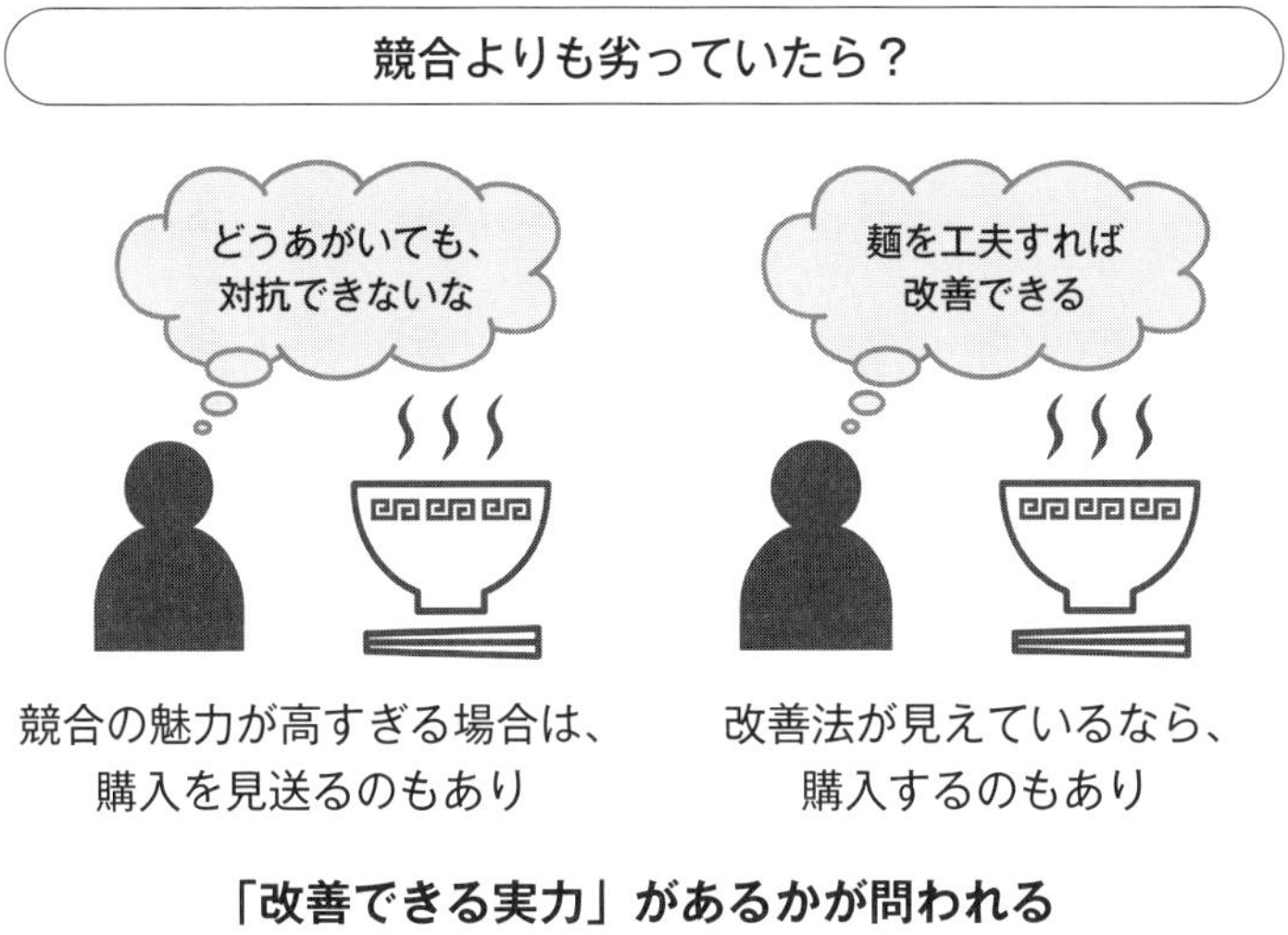
競合よりも劣っていたら？
どうあがいても、
対抗できないな
麺を工夫すれば
改善できる
競合の魅力が高すぎる場合は、
購入を見送るのもあり
改善法が見えているなら、
購入するのもあり
「改善できる実力」があるかが問われる

ても対抗できないな」と思うなら、購入を見送ったほうがいいかもしれません。しかし、麺の製法を工夫する、従業員を再教育するなどで、その店の魅力を改善できそうなら、購入という選択肢もありでしょう。

ここで、第2章で述べた、「経営者としての仕事力、実力を高めておく」ことが生きてきます。「この程度の差なら、自分の実力でなんとか改善できる」と思えるか否か、その差がその人の「経営者としての実力差」となるからです。

もし、競合の魅力が高すぎる、しかも、自分の力で改善し、その会社を超える魅力的な会社（店）にすることはほぼ無理（戦っても勝てそうにない）、という結論に達したら、目当ての会社を買うのを諦めてほかの会社を検討することをお勧めします。

■迷いや不安要素があったら無理をせずに見送る

ここまで繰り返し述べているように、売りに出ている会社は世のなかにたくさんあるので、勝ち目のなさそうな会社を焦って買う必要はありません。

「この会社を買ってもなあ……」と少しでも気の迷いや不安要素があったら、無理をせず、購入はやめておくべきです。たくさんある会社を再度スクリーニングして、**「この会社なら、必ず成功するはず！」「絶対に買いたい！」と思う会社を探して買えばいい**のです。

とくに、会社員が副業目的に会社を購入する場合は、「この会社なら空いた時間を使って経営できそうだな」と思える案件以外は手を出さないほうがいいでしょう。「自分が現場に常駐しないと回らない会社」は、サラリーマンにとって経営が難しいからです（24ページ）。

したがって、あなたが会社員なら、つぎのようなポイントで会社を選ぶべきです。「社長自らが営業活動していない」「社長が、業務運営のパーツ（オペレータ）として組み込まれていない」「商品・サービスの品質維持・向上に、社長が直接関与していない（小売業など）」「業務がほぼ自動化されている」などです。

念押しになりますが、**会社購入に「妥協」は禁物**です。

会社を買うかどうかの判断は、玄人目線（専門的視点）に偏りすぎると失敗する場合があります。経営に関する豊富な知識や経験があるがゆえに、判断の目を曇らせてしまうからです。まずは素人感覚を大切に、フラットな視点で購入・承継する会社を選別し、最終的な絞り込みを進めましょう。

第４章まとめ

▶「いい会社」を見分けるためにはつぎの３つの視点が重要

▶「いい会社であるか」の目利きの第一歩は、「顧客として魅力を感じるか」である

▶「その会社で働きたいか」でその会社が大切にしている価値観や考え方をチェックできる

▶「清掃・整理整頓が行き届いているか」「求人広告」でもその会社の状況を推測できる

▶競合もこの３つの視点で確認することで、会社の競争優位性を分析できる

第5章

経営者との食事で「実態」を把握する

「食事をしながら仲良くなる」は結婚も会社売買も同じ

■「食事をしながら」が親しくなりやすい

本当に買う価値のある会社かを「素人感覚」でチェックしたら、つぎのステップ、『相手の経営者と食事をしながら』判断する」に進みます。すでに絞り込んだ会社の社長と直接会って話をする段階です。

ところで、なぜ「食事をしながら」なのでしょうか？　理由は簡単です。「結婚」をイメージしてください。結婚のさいには、相手と何度も食事をして親しくなり、お互いのことをよく知ることができます。会社売買も結婚と同じです。買いたい会社の経営者と食事をしながら話すことにより、相手と親しくなり、信用・信頼関係を築き、お互いをより深く理解できます。通常のM＆Aは、当事者同士で食事もしないまま結婚するような、極論すれば少し異常な状態です。しかし、**超友好的な会社購入では、「食事をしながら仲良くなる」ことは必須のプロセス**です。

中小企業の創業経営者の多くは、自分が作り育てた会社が他人に買われることに抵抗感があるので、まずはその抵抗感を解きほぐす必要があります。また、相手経営者と親しくない関係のままだと、ときには「騙される」「（第三者に）邪魔される」「売買金額が高くなる」などのリスクが発生します。

それらを避けるためにも、まずは食事で（場合によってはお酒を飲みながら）、相手との親密度を高めることが重要です。いきなり一対一の食事が難しそうなら、「会社の方もご一緒に、何人かでお食事しませんか？」と声がけして、複数人での食事の機会を設けてみるのもいいでしょう。

相手経営者との交渉に入るとき、まずは第一印象が大事です。食事では、「食事の仕方」や「行儀作法」で、相手に悪印象を与えないように気をつけましょう。とくに、**「相手の食事の好みを調べて、お店選びをする」「食べ残しをしない」などは要注意**です。現在70歳以上の（団塊世代の）高齢経営者は、「食事」に対して、若い世代が考えている以上に、強い「こだわり」や「価値観」を持っています。「食べたいものを食べられることが大事」

「食べ物を無駄にしてはいけない（食べ残しはよくない）」「食べ方や箸の使い方（行儀作法）で人間性がわかる」などと考えている人が多いのです。

■本当に買う価値のある会社かを見極める

相手経営者と食事をする目的は、相手と親しくなることだけではありません。むしろ重要なのは、食事を通して「この会社を買うべきか否かの判断」をすることです。この段階で**相手経営者の本音を引き出し、会社の実態・実情を把握し、本当に買う価値のある、いい会社かを見定める**のです。したがって食事のときの会話は、単なる世間話で終わってしまっては意味がありません。会社購入を決断するさいにチェックしておくべきポイントを、しっかりと確認しましょう。

このチェックポイントについては、この後くわしく解説しますが、おもにつぎのような話題&順番で会話を進めるといいでしょう。

①「相手の生い立ち」や「事業経緯」を聞く
②「思考の癖」を確認する
③「税金・借入に対する考え方」を確認する

④「経営に関わるキーパーソン」について確認する
⑤「会社の譲り方」や「売買金額」に関する希望を聞く
⑥会社を売った後の「希望の関わり方」を聞く
⑦自分が会社を買ったさいの「現社長のメリット」をアピールする

1回の食事で、すべての項目について話すのは無理なので、機会を何度か設けて、時間をかけて確認・話すことをお勧めします。

また、ここで重要なのは「話の順番」です。まずは相手の話をじっくり聞く（傾聴する）ことが最優先です。その後、自分のことについて正直に話す（自己開示する）のです。「聞く・話す」量の比率も、最初は「8対2」くらいにしておき、徐々に自分に関することや自分の考えを話す量を増やしていきましょう。

次項からは、食事での会話において話題にすべき①～⑦のテーマやポイントを、1つひとつ具体的な会話例も挙げながら解説していきます。

「相手の生い立ち」や「事業経緯」を聞く

■原体験を聞けば相手への本質的な理解が深まる

1つ目は、「『相手の生い立ち』や『事業経緯』を聞く」です。相手経営者がこれまでどんな人生を送ってきたのか、どんな経緯で社長になり会社を存続させてきたのか、についてヒアリングするのです。相手が創業者の場合は「会社立ち上げの経緯」を、2代目、3代目経営者の場合は「承継を決断したときの思い」などを聞きましょう。これは、相手との距離をつめるための「切り札」といってもいい、非常に重要なテーマです。

経営者の多くは、「自分のこと、会社のことを知ってほしい」「これまでの歩みや苦労について話したい」と思っています。「生い立ち」や「事業経緯」を親身に聞くことによって、こちらに対する親近感が醸成されやすいので、短時間で親しくなるためには効果的な話題なのです。

私がクリエイトマネジメント協会の谷口前社長と最初に食事したさいにも、この話題で会話が弾みました。谷口さんは、もともと親御さんが和菓子店を経営されていたそうですが、ある時期、「このまま店を引き継いでも、将来的にあまり先が見えない……」と承継を断念。ご自身で研修会社を設立し、「お寺での研修」に特化して40年以上続けてきたのです。

いろいろとくわしくお話を聞くと、「なぜ、どういう思いで、この事業を始めたのか」「幼少期のどういう体験が、現在持っている価値観を生み出したのか」がよくわかりました。こうした会話によって親近感を持ってもらえただけでなく、同社の事業に対する理解も深まったのです。

相手の「生い立ち（原体験）」を聞くことは、その人の性格や志向性、価値観の根本にある本質的な部分を知るうえで非常に重要です。最初にそこを理解しておくと、その先の交渉において、どのような方向性で話を進めていったらいいかの対策も打ちやすくなります。

また、生い立ちや事業経緯を聞いて、**「この社長の思いや、これまでの歴史を引き継ぎたい」と本気で思えなければ、そもそも相手経営者とは「相性が悪い」**といえます。こうした会話は、自分がこの会社を買うべきか否かの重要な判断材料にもなるのです。

■自分の体験や考えは極力少なめに

相手の原体験やこれまでの歴史を聞いたら、その後に、自分の体験や考えを話す（自己開示する）ことも重要です。こちらも自己開示することにより、相手に心を開いてもらいやすくなるからです。ただし、この時点での自己開示は極力少なめにしましょう。まずは相手の話をじっくり聞くことに注力して信頼を得てください。

会社の承継、とくに超友好的な会社売買においては、「儲かる、儲からない」「得する、損する」などの話の前に、どこまでお互いに人として信用・信頼できるかが重要です。それなしに、最初から資料やデータだけを中心に話を進めても、事業承継はうまくいきません。

膝を突き合わせて、相手の体験や考えをじっくりと聞いて、そのうえで「この人の事業だったら、何とか引き継いで後世に残してあげたい」と考えられるかどうか。そこが、超友好的な会社売買が成功するか否かの分かれ目になります。

「思考の癖」を確認する

■トラブルを「自責」と考えるか、「他責」と考えるか？

ある程度、相手の人となりや基本的な価値観を理解したら、さらに踏み込んで、その人の性格・性質を確認しましょう。ここで重要なのが、「相手の『思考の癖』を知ること」です。相手経営者の「思考の癖（傾向）」を確かめて、承継がうまくいくかを判断するのです。

「思考の癖」とは、もう少しわかりやすくいえば「物事の捉え方（認識の仕方）」です。たとえば、**何かトラブルや問題が起こったとき、それを「自分の責任（自責）」と考えるか、「他者の責任（他責）」と考えるか**、です。

相手の「思考の癖」を確かめるために、つぎのような質問をしてみましょう。

「承継者がいないことについて、どうお考えですか？」
「なぜ（何が原因で）、いままで承継者が見つからなかったのでしょうか？」

こう聞いたとき、「息子がどうしても継いでくれなかったんだよ。本当にあいつはダメなやつだ」「幹部に裏切られたんだ。すべて彼らが悪い」などと、あくまでも他人のせいだと主張する場合は、「他責思考」の傾向が強い人物の可能性があります。そうした思考の癖を持った経営者だと、交渉中または会社購入後に何かうまくいかないことが起こったとき、一方的にあなたに責任を押しつけてくる可能性があります。

大前提として、承継者がいないのは、さまざまな事情があるとはいえ、経営者本人の責任です。やや言いすぎかもしれませんが、その時点で経営者失格なのです。承継者を見つけ、育てて、会社を存続させることが経営者の責務だからです。その点についての認識がなく、承継者不在について、「自分は悪くない。他人の落ち度だ」と考えている経営者ならば、他責思考が強いので、その会社は継承しないほうがいいでしょう。

反対に、「すべて自分のせい。私が悪い」「いままで承継できなかったのは、私に経営能力が欠けていたせいだ」などと、自分の責任を全面に出す「自責思考」の人も問題です。そういう人は、人に仕事を任せるのが苦手な場合が多いので、やはり承継がうまくいかない可能性があります。

経営者として理想的なのは、本当に自分のやり方、考え方に起因する問題と、他人に起因する問題を、自分の頭のなかでうまく整理・理解できている人です。たとえば、「承継者を育てられなかったのは私の責任だが、理由はほかにもいくつかある。内部要因としては○○など。外部要因としては○○などですね」といった回答があれば理想的です。

■バランスの取れた思考ができない経営者は揉めやすい

バランスが取れた思考ができる経営者かそうでない人かは、承継するとき非常に重要なポイントになります。そうした思考ができる経営者でない場合、承継話を進めていく途中で、ちょっとしたきっかけで揉めてしまい、交渉が頓挫する可能性が高いからです。

事業承継は、基本的にスムーズに進まないものです。複雑多岐にわたる課題をクリアしなければならず、次々と想定外の問題が発生します。そのとき、いかに互いに前向きな思考を持って話し合いができるかが重要です。そのためには、前述のようなバランスの取れた思考ができる相手でなければなりません。

思考の癖を確認するうえで、自責思考か他責思考か、のほかに、もう1つチェックすべきポイントがあります。それは、**「未来志向型」か「過去思考型」か**です。

「これからはこうしていきたい」「もっとこの点を改善していきたい」と、未来を展望した話が多い人なら事業意欲が強く、承継後の事業改善に対しても前向きにサポートしてくれるでしょう。

反対に、「あのとき、あんなことで失敗した」「あのやり方はよくなかった」などと、過去を中心軸に話す人は、事業意欲が低く、会社購入の後に事業改善を邪魔される可能性があります。

人間の思考の癖は、容易に変わるものではありません。会社の承継は結婚と同じですから、相手の思考回路や気質をしっかりと確認しておく必要があります。そのあたりを早い段階で見極めるためにも、食事が有効なのです。どんなにいい会社でも、経営者自身に問題があり、この人とこの先話をつめていくのは無理だなと感じたら、その時点で承継を諦めることをお勧めします。

「税金・借入に対する考え方」を確認する

■「借入」に対する考え方を聞けば財務能力がわかる

相手の人となりや価値観、性格・性質を確認したら、その人の経営者としての能力や経営観、会社の内情について確認する質問をしていきましょう。聞き出そうとする、詰問するような感じで聞くのではなく、あくまでも「よくわからないので教えてほしい」というスタンスで聞くのがポイントです。

最初に確認しておきたいのが、相手経営者の「税金・借入に対する考え方」です。税金の支払いや、銀行など金融機関からの借入に対する考え方を聞けば、その人の経営者としての財務に関するレベル＝「財務能力」が、ある程度わかるからです。

相手経営者の財務能力を確認するためには、最初に「決算対策は大変だと思いますが、いつもどんな感じでやられているんですか？」と聞いてみましょう。

それに対して、「ああ、税金対策ですか。それについては……」と、**決算対策＝税金（節税）対策と捉えて話す経営者は、財務能力が低い**と思っていいでしょう。

一定以上の利益を出せば、金融機関からより多くのお金を借りられます。さらに大きく事業展開しようと思えば、「税金は必要コストである」と考えて、事業を回していくべきです。決算対策とは「金融機関からの借入を含めた事業成長戦略である」と理解できていない人は、財務・経営能力が低いと言わざるを得ません。

理想的な回答は、「決算書は、金融機関からの評価を意識して作っています。融資額に影響してきますからね」「銀行は、とくに純資産額を見ているので、その点に気をつけて決算書の数字を組んでいますよ」などです。こうした回答ができる人は、決算書作成の肝を理解している財務能力が高い経営者といえます。

■金融機関への愚痴・悪口が出てくる経営者は要注意

つぎに確認してほしいのが、「金融機関との付き合い」についての考え方です。ここではつぎのような質問をしてみましょう。

「金融機関とは、どんな付き合い方をされているんですか？」
「金融機関との付き合いは難しいと聞きますが、何が難しいんですかね？」

このとき、「金融機関は金を貸したいときだけ営業に来て、こちらが借りたいときに貸してくれない」などと、金融機関に対する愚痴や悪口が最初に出てくる人は、そもそも経営や財務戦略の本質をわかっていない経営者です。

金融機関は、当然ですが、経営がうまくいっている会社（信用度・評価の高い会社）には、より多くのお金を貸してくれます。しかし、利益も上がっていない、しかも、ある程度の内部留保（利益を株主に配当せず会社にとっておくこと）がない会社＝財務力がない会社は評価が低く、多くのお金を貸してくれません。貸し渋りではなく、貸せないのです。自社に財務力がないのに、「金融機関がお金を貸してくれないのはおかしい」などと言っている人は、経営者としての考えが甘いか、財務のことをあまり真剣に考えていない人と判断せざるを得ません。

■「税理士任せ」の経営者の会社は財務体質が悪い

つぎに、「（会計や財務処理・決算対策は）税理士さんにどこまで任せていますか？」と聞いてみましょう。

ここで、「ほとんど税理士に任せているんで、私はよくわからないんです」という答えが返ってきたら要注意です。その経営者の財務・経営能力が低い可能性に加え、通常そういう会社は財務体質が悪く、倒産のリスクが高いからです。残念ながら、日本にはこういう「営業は得意だが財務・税務は苦手」という経営者が非常に多いのが実態です。

また、「お金の管理は、すべて妻に任せている」と答える経営者も多くいます。そうしたケースでは、一度奥さんに会って話をする機会を作りましょう。この場合、奥さんがしっかりしていて、きちんと決算対策していることが多いので、奥さんと話すほうが会社の財務状態がよくわかるのです。

一見、儲かっているように見えても、財務状態が良くないと買った後に資金繰りなどで苦労することになります。相手経営者の「財務・税務や金融機関に対する考え方」「お金の管理や決算対策のやり方」を聞き、会社のおおよその財務状態を確認して（詳細は第6章）、会社購入の可否を判断しましょう。

こんな経営者の財務能力は要注意

決算対策は「税金（節税）対策」と捉えて話す経営者

「金融機関への愚痴・悪口」が出てくる経営者

「税理士任せ」の経営者

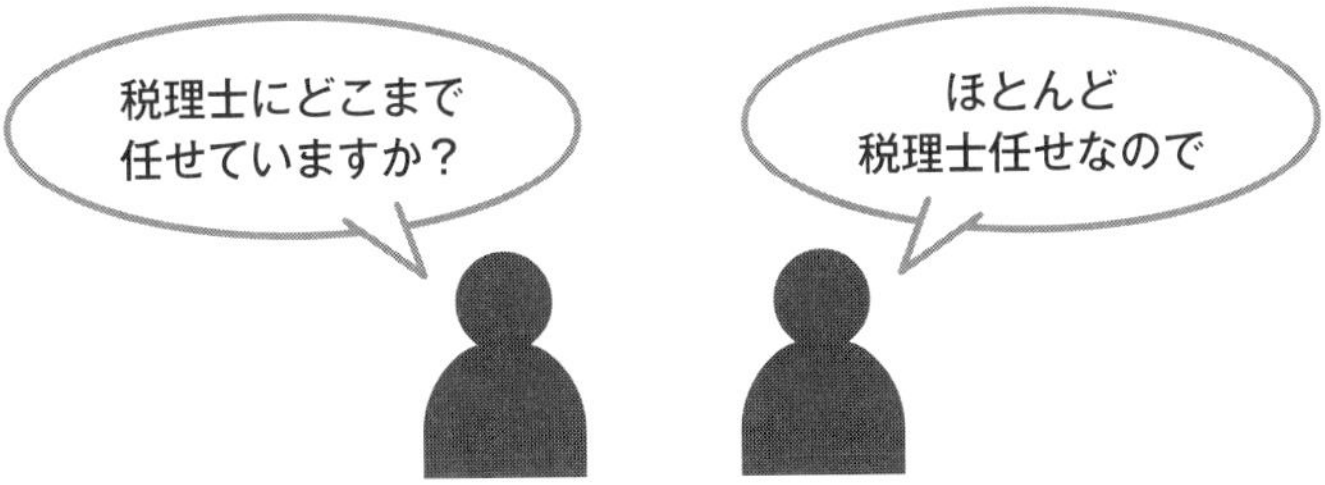

「経営に関わるキーパーソン」について確認する

■ナンバー2は「味方」か、「ライバル」か？

つぎにチェックしてほしいのが、経営者以外の重要人物、すなわち「経営に関わるキーパーソン」についてです。

会社購入において注視してほしいキーパーソンの1人目は、**社長のつぎに力を持っている人物、つまり会社の「ナンバー2」**です。会社承継・購入において、ナンバー2は「最強の味方」にもなり得ますが、反対に「最大のライバル」になる場合もあります。あなたに敵対するナンバー2に足を引っ張られて、承継話が途中で頓挫することもあるからです。

また会社購入後、その人と馬が合うか否かで、経営がうまくいくかどうかが決まります。事前にナンバー2がどんな人物かを知り、一緒にうまくやっていける人物かどうかを見極めることが重要です。**できれば、一度ナンバー2も交えて何度か食事をする**ことをお勧めします。前項で述べたように、財務・税務を仕切っている奥さん（または子ども）がナンバー2の場合もあるので、そのあたりの事情（誰がナンバー2か）も含めて、しっかりと確認しましょう。

ナンバー2が外部承継者に対してどう考えるかには、大きく3つのパターンがあります。

1つ目は、「社長が決めたのなら、その決定に従う」と考えるパターンです。その場合、ナンバー2は「承継後も会社に残って、できるだけ高いポジション（職位）でいたい」、そのためには「この人（次期社長）と仲良くしておこう」と考えます。そのため、承継作業に協力的なスタンスで関わってくれるはずです。

2つ目は、「できれば自分が承継したい」と考えるパターンです。もしナンバー2がそういう気持ちを持っていたら、無理に承継話を進めても争いになるだけなので、その場合は購入をやめておくべきでしょう。

3つ目は、「この人に会社を譲るなら、自分は辞めたい」と考えるパターンです。この時点で、ナンバー2が辞めることによる経営へのインパクトは非常に大きいので、ナンバー2の意向をしっかりと確認しましょう。

そして、これは非常に重要なポイントですが、社長がトイレなどで席を外したときに

（2人だけになったときに）、**「社長に対する愚痴や悪口を言わないか」は、必ずチェック**しましょう。「社長はああ言っていますが、実はあまり経営能力がないんですよ」「まあ、実際は私の力で何とかなっているんですけどね」などと、「社長や会社に対する悪口・愚痴・不満を言う人」「陰口を言うことで、自分をよく見せようとする人」は問題ありです。誰かの評価を下げて自分の評価を上げようとする人は、承継後、自分の部下になっても同じことをされます。

■「社内の愛人」はトラブルの原因になる

また、ナンバー2以外のキーパーソンがいる場合は、承継における交渉や調整、経営において、事を複雑化させるので要注意です。

ナンバー2以外のキーパーソンとは、たとえば「経営者の愛人」です。社内に経営者の愛人がいて、何かしら経営に関わっているケースは、みなさんの想像以上に多いのです。愛人の存在は、会社運営において大きなトラブルの元になります。会社を承継した後、愛人という想定外のキーパーソンに会社運営をひっくり返され、組織崩壊したケースを、私は過去に幾度となく見てきました。「社内に愛人がいないか」は、相手経営者とある程度仲良くなった段階で、臆することなく聞いておきましょう。

もし、**「社内に愛人がいる」とわかったら、その時点で会社購入をやめておく**ことをお勧めします。しかし、総合的に判断して「どうしても買いたい」と思えば、その人に会社を辞めてもらうよう、経営者を説得しましょう。また、後になって相続や贈与の話とも絡んでくるので、愛人との間に子どもがいないかも、それとなく確認しましょう。

現代は、企業・経営トップの倫理観やモラルが厳しく問われる時代です。ほかにもプライベートで何か問題がないか、もしある場合は、それを整理・解消するつもりはあるのかを、きちんと確認しておくことが重要です。たとえば、社外で不倫などの女性問題がないか、お酒によるトラブルを頻繁に起こしていないか（酒癖が悪い）、ギャンブルにのめり込んでいないか、などは可能な限りチェックしておきたいところです。

会社は意外なことがきっかけで休廃業に追い込まれてしまうことがあります。会社購入のさいには、できるだけ早い段階で、そうした「負の要素」がないかどうかをチェックして、購入の可否を慎重に判断してください。そして、もし購入するなら、事前にその問題を徹底的につぶしておくようにしましょう。

「会社の譲り方」や「売買金額」に関する希望を聞く

■「誤解や認識不足がないか」を確認する

ここまでのプロセスを踏んで、ある程度「この会社なら承継してもいいかな」と思えたら、さらに踏み込んだ話をしてみましょう。ここで聞いてほしいのは、「会社の譲り方」や「売買金額」に関する相手経営者の希望です。ここではつぎのような質問をしてみましょう。


「もし誰かに会社を譲るとしたら、どういう形を望んでおられますか？」

「たとえば、時期はいつ頃がいいですか？」

「もし手放すとしたら、どれくらいの金額で譲りたいですか？」

こうした質問によって、相手の本音を引き出すと同時に、相手が会社売却について「誤解や認識不足がないか」を確認できます。ここで確認すべきは、会社売買に関する具体的な希望条件ではなく、承継に対する考え方です。したがって、自分が買う、買わないというニュアンスではなく、あくまでも「もし売るとしたら」「たとえば（仮に）〜なら」といった感じで聞いてください。

もし、この期に及んで「いやいや、まだ会社を手放す気はないですよ」「売るとしても、何年も先の話だね」といった答えが返ってきて、そうした考えが変わりそうにないなら、その会社の購入は難しいかもしれません。

■「最低○億円以上」と言ってきたら……？

このとき「会社を手放してもいいと思っているが、仮に売るとしても、最低○億円以上かな」などと、相場から大きく外れた金額を言う経営者も問題ありです。この手の経営者はよくいるのですが、多くの場合、その原因は質の悪いM&A仲介会社にあります。

M&A仲介会社が会社を売りたいと考えている経営者から相談を持ちかけられたときに、本来なら1億円くらいでしか売れそうにない会社にもかかわらず、「3億円くらいで売れるかもしれません。その金額で買ってくれる会社を探しますよ」と言うケースが少なからずあります。M＆A仲介会社は案件ごとに「着手金」という費用を取る場合があります。通常、着手金は案件の規模が大きくなればなるほど高額になるので、M＆A仲介会社は、本来の相場よりも大きな金額を提示しがちなのです。

このようにM＆A仲介会社が相場を大きく外した金額を伝えて、売買金額に対する感覚が狂ってしまっている場合は要注意です。売買金額について交渉するさい、相手の希望額とこちらの想定予算のすり合わせに膨大な時間を要したり、最終的に相互合意に至らない可能性があるからです。さらに話をしてみて、こちらが想定している購入予算とのズレが埋まらないようなら、その会社購入は諦めるべきでしょう。

■「債務保証」についての本音を引き出す

また、ここで重要な話題として取り上げてほしいのが、再三述べている「債務保証」の話です。多くの経営者は本心では、「債務保証から外れることができるのなら、会社を売ってもいい」と考えています。そうした本音を引き出し、**事業承継の障壁となっている課題をクリアするために、「債務保証も含めて買ってくれる人がいたら、どうですか？」と聞いてみましょう。**それまで、「会社を売る気はない」と言っていた人が、「それなら話は別だ。そんな人がいたら、ぜひ売りたい！」と言ってくれるかもしれません。

会社を人手に渡す方法を、親族内承継か敵対的買収しかないと考えている経営者、会社売却をネガティブなイメージで捉えている経営者はたくさんいます。彼らは、「会社を手放すと自分の居場所（存在意義）がなくなるのでは」と恐れています。そうした喪失感への恐れや不安が、会社を売ることに対する判断を誤らせている場合が多いのです。食事のさいの会話を通して、そうした誤解や不安を解きほぐし、会社売却に対する固定観念にとらわれることのない、「超友好的な会社売買の考え方」を知ってもらいましょう。

そのためには、「いくらなら売ってもらえますか？」「その考え方は間違っていますよ」などとストレートに聞く・話すのは逆効果です。少しずつ相手の誤解や勘違いを認識してもらいながら、うまくヒアリングしていくことが重要です。

会社を売った後の「希望の関わり方」を聞く

■「前社長には権限はないがアドバイスをもらえる」のが理想

「会社の譲り方」「売買金額」への希望を聞いたら、つぎに、「会社を売った後の『希望の関わり方』」について聞きましょう。「完全に引退して、経営にはノータッチ」でいいのか、「何らかの形で、引き続き会社に関わりたい」のか。その場合、「どの程度まで関わりたい」のか、という本人の具体的な希望のイメージを確認しておくのです。そうした希望をそれとなく聞いておくと、後々の組織運営の計画づくりに役立ちます。

この点を事前に確認しておくことは、かなり重要なポイントです。**会社を購入した後、前社長がどこまで権限を持つのかによって、経営の方向性が左右される場合もある**からです。ここでの会話のポイントは、やはりストレートに聞くのではなく、世間話の延長線のような感じで聞くことです。たとえば、つぎのように質問をしてみましょう。

「お知り合いで、最近、会社を承継した社長さんはいませんか？」

「その方は、最終的にどんな形で承継したんですか？」

「もし誰かに承継するとしたら、社長の身の振り方は、どんな形が理想的なんでしょうね？」

実際、前経営者にはどのようなスタンスで関わってもらうのが理想的でしょうか？

結論からいえば、先に述べたように「経営に関する権限はないが、（会長や相談役・顧問として）何かしらアドバイスできる立ち位置にいてもらう」のが、お互いにとって理想的かつ楽な関係です。

承継する側は、「アドバイスやサポートはしてほしい。しかし、経営についてよけいな口出しはしてほしくない」と考えます。前経営者に何らかの権限を残してしまうと、経営・運営が複雑化し、トラブルの種になるからです。したがって、前経営者のポジションは、「代表取締役会長」ではない「会長（代表権がない名誉職としての会長）」になってもらうのがお勧めです。もし、「どうしても代表取締役会長として残りたい」「ダブル代表取締役がいい」などと、**承継後も影響力を行使したい意向を持つ人の場合、経営で揉める可能性が高いので、その会社の購入は諦めたほうがいい**かもしれません。

■自然な形で「人脈」を引き継ぐこともできる

前経営者に会長や相談役などのポジションで残ってもらうことは、相手の希望を受け入れて、いい関係を築ける、アドバイスがもらえることがメリットです。さらに、「前社長が培ってきた人脈やノウハウを、スムーズに引き継ぐことができる」というメリットもあります。

敵対的買収ではもちろんのこと、通常のM&Aでは、基本的に「人脈の引き継ぎ」はできません。しかし、超友好的な会社売買では、「彼が、私が会社を託した人なんです。引き続きよろしくお願いします」と、自然な形で前社長の人脈をパスしてもらうことができます。人脈の引き継ぎのためにも、たとえ一定期間であっても、会長や相談役になってもらうことをお勧めします。ただし、引き継ぎにはかなりの時間（年数）がかかる場合もあるので、それとなく「希望の引退時期」も聞いておくこともポイントです。

ここでお話ししたことは、会社購入後の経営・運営に大きく影響する、非常に重要なポイントです。また、「利害関係がからむ調整に入る前の本音」は貴重な意見なので、じっくりと相手の話を聞き、聞いた内容は後で齟齬《そご》が生じないようにメモしておきましょう。

自分が会社を買ったさいの「現社長のメリット」をアピールする

■成功談よりも、挫折や苦労の経験談を話す

ここまでの会話で相手経営者の考えを知り、会社に関する情報を入手したら、いよいよあなた自身の考えを相手に伝える番です。前述したように、相手の話を十分に聞いたら、今度はあなた自身のことを相手に話す（自己開示する）ことにより、さらなる信頼を得られます。

ここでは、あなたの「生い立ち」や「これまでやってきた仕事」「その仕事への思い」について話しましょう。また、**「自分がこれまでどんな挑戦をし、挫折を味わい、どう乗り越えてきたか」についての話**もしてください。成功話よりも、挫折の経験談や苦労話が、自身も多くの苦労をしてきた相手経営者から共感を得られ、高い評価につながります。

■「役割」「債務保証」「報酬」について話し不安を払拭する

相手の話を十分に聞き、自分のことを話したら、最後に話題にしてほしいテーマは、「会社を買ったさいの『相手経営者のメリット』について」です。会社を承継した場合の現社長のメリットを説明し、「それだったら、あなたに任せたい」と思ってもらえるようなアピールをするのです。

このとき、「何とかしてこの会社を買いたい」という意思が全面に出てしまうと、相手とのパワーバランスが崩れてしまうので注意しましょう。**「仮に私が承継者になったとしたら」という伝え方で、将来展望も含めて話すといい**でしょう。通常のM&Aでは、前経営者は完全に追い出されてしまうことがほとんどですが、そうではない選択肢（会長や相談役として残ってもらう）があることを、ここでも改めて説明するのです。加えて、会社を売ることで「債務保証」から外れることが可能であることも、再度念押ししておきたいところです。

また、多くの経営者が心配しているのは、「社長を引退したら、収入（役員報酬）がなくなってしまうのでは？」ということです。**経営者の誰もが、会社を売った後も継続的な収**

入を得たいと望んでいます。したがって、ここでは相手経営者に、「会長職などで残ってもらうさいには、それ相応の報酬（できれば具体的な金額を出して）を支払うつもりである」ことを明確に伝えておきましょう。まずは、相手が会社売却や社長引退に対して抱いている不安を払拭することが大事です。

■「今後の新しい事業展開」をプレゼンする

会社承継後の相手経営者の役割・役職、報酬を明確に伝えて安心してもらうと同時に、あなた自身が考える「承継後の将来展望」についても話しましょう。

相手経営者の過去の実績をきちんと承認・肯定したうえで、「社長がやってきた事業への思いを引き継ぎながら、今後の市場環境を踏まえてこんな事業展開をしたいと思っているんです」と熱意を持って話すことが重要です。

もしこの時点で相手経営者が「あなたに会社を譲りたい」という意思を明確に表明してくれていたら、承継後の具体的な経営計画や、あなたがイメージしている事業改善に関するアイデアなどをプレゼンしてもいいでしょう。

現役引退に近づいている中小企業経営者の多くは、「自分は結局、この程度の会社にしかできなかった」「思っていたほど事業を成功させられなかった」と言います。これまでの経営者人生に後悔の念を持ち、卑下しているのです。

もしそういう話をされても、「いやいや、この業界ではトップリーダーじゃないですか」「これはこれで、すばらしい実績ですよ」と敬意を伝えたうえで、「今後、新しい事業展開をしたら、もっと伸びていくと思いますよ」という話ができればベストです。

相手の過去や実績に対する承認と、未来への希望を、お世辞抜きで真剣に語ることができれば、相手からの信頼を得られます。そのためには、相手経営者と事業に対する理解が必要不可欠です。それなくして事業承継の成功はないと言っても過言ではありません。

食事をしながらの会話は、以上のような流れで順番に進めていきましょう。

ポイントをまとめておきます。

- 食事を通して、徐々に親密度を高めながら相手のことを理解し、信頼関係を築く。
- 同時に、さまざまな質問をして得られた情報から、「果たしてこの会社を買うべきか否か」「買っても問題ない会社かどうか」を判断する。
- 気持ちが「買いたい」方向に傾いてきたら、こちらからアピールして、相手の売る気を喚起する。

これが食事における流れのポイントです。

1回の食事ですべての話題について話すことは不可能です。月1回のペースで食事するとして、1回の食事で2つくらいのテーマについて話す（4～5か月から半年くらいかけて全テーマについて話す）イメージで考えましょう。

会社承継は結婚と同じです。慌てて一緒になろうとして判断を誤ると、結婚してもいずれ失敗（休廃業や倒産）に終わってしまうので、焦りは禁物です。

第5章まとめ

▶「食事をしながら仲良くなる」は結婚も会社売買も同じで、超友好的M&Aの基本

▶「相手の生い立ち」「事業経緯」を聞くと、仲良くなりながら、経営方針を理解できる

▶「税金・借入に対する考え方」を確認すると、財務状況が予想できる

▶「会社の譲り方」や「売買金額」に関する希望を第三者として聞くと、本音が聞ける

▶「会社を売った後の関わり方」についての相手の希望とすり合わせたうえで、「現社長のメリット」をアピールすると継続的に多大な支援を受けやすくなる

第6章

「決算書の数字」で冷徹に判断する

数字がわからないと経営者にはなれない

■本当に買う価値があるかを数字で徹底的に精査する

前章まで、素人感覚で判断し、食事をしながらさまざまなポイントを確認するという流れで、買う会社の候補をスクリーニングしてきました。本章からは、本当に買う価値がある会社か否かを、シビアに数字で精査する段階に入ります。

ここで注目すべきは、会社の「財務状況」です。**「どのような事業でどれだけ売上があるのか？　利益がいくら出ているのか？　お金の使い方に何か問題はないか？」**などを、**「決算書の数字（金額）」をもとに細かく確認していく**のです。決算書は、一定期間の会社の経営状態（財務状態）を表している書類で、正式には「財務諸表」といわれます。

決算書（財務諸表）のチェックは、その会社を買うか否かの判断に必要なだけでなく、会社を買った後にも役立ちます。自分が実際にその会社を買って経営者になったとき、**「どういう事業戦略を立てたらいいか」を考える材料にもなる**からです。

そもそも、財務会計（経営成績や財務状態を外部の利害関係者に示すための会計）に関する数字がわからなければ、本当の意味で「経営者」にはなれません。最低限、ここで解説する財務会計の基礎知識を、きちんと理解しておきましょう。

決算書データは、「帝国データバンク」や「東京商工リサーチ」などの信用調査会社に登録して費用を払えば誰でも入手できます。もし信用調査会社の基本データベースに調べたい会社の決算書データがない場合は、別途費用を払って調査してもらうこともできます。

決算書は、「会社の健康状態」を表す重要なデータです。ここでは、会社を買うか否かを判断する最終段階にきているわけですから、決算書の数字から、その会社の実態を正確に分析・把握する必要があります。したがって**重要なのは、「見かけの数字に惑わされることなく、本質を見抜く」こと**です。

多くの中小企業は、節税という名のもとに、わざとよけいな経費を使っていたり、金融機関から借入するために、本来なら経費計上するべき項目を経費から省くこともあります。**ほとんどの中小企業は決算書を作るとき、粉飾とまではいかないまでも、「実態」が見えないように化粧をしている**ものです。その大前提で、冷静かつ慎重にその会社の本当の財務状況、実態をチェックしましょう。

■3年分の「貸借対照表」「損益計算書」を分析する

決算書で、とくに重点的に見るべきは「貸借対照表」と「損益計算書」です。この2つに「会社の力や体質、経営の成績」が表れるからです。

貸借対照表は「BS（バランスシート）」と呼ばれ、会社の「資産」「負債」「純資産」の状態を表します。損益計算書は「PL」と呼ばれ、会社の「収益」「費用」「利益」の状態を表します（左ページ図）。

詳細については後述しますが、個人・家庭に置き換えれば、貸借対照表は「預金通帳」のようなものです。つまり、会社にいまお金がいくらあり、いくら借りているかがわかる資料です。

一方、損益計算書（利益獲得内訳書）は「小遣い帳（家計簿）」のようなもので、これを見れば、お金がいくら入ってきて、いくら使い、いくら残ったのかがわかります。

「貸借対照表」「損益計算書」の数字（過去3年くらいのデータ）をきちんと分析すれば、その会社の財務状況が見えてきます。

私がクリエイトマネジメント協会を購入するさいにも、まず帝国データバンクで同社の

「貸借対照表」「損益計算書」を分析する

貸借対照表（BS）	損益計算書（PL）
「預金通帳」のようなもの	「小遣い帳（家計簿）」のようなもの

「情」だけでなく「数字」で冷静に判断する

決算書を入手して「貸借対照表」「損益計算書」をチェックしました。加えて、同社の「仕訳日記帳（すべての取引を記載した帳簿）」を前社長から見せてもらい、さらに財務状況を細かく確認しました。

会社を買うとき、決算書（財務諸表）に書かれている数字の意味を理解しないまま承継を進めるのは、後でトラブルのもとになるので非常に危険です。**よくわからない場合は税理士など専門家の助けを借りて、きちんと分析する**ことが重要です。

相手経営者と親しくなると、つい情で買いたくなりますが、情で経営は成り立ちません。どんなに親しい関係になったとしても、最終的に冷徹に数字を見て判断し、購入するかどうかを決断しましょう。

売上よりも「利益」にフォーカスすべし

■「増収減益」「減収減益」の会社は問題あり

前項でお話ししたように、「貸借対照表」「損益計算書」を分析すれば、その会社の実態が見えてきます。とくに「損益計算書」を重点的にチェックしましょう。損益計算書には、その会社の経営が現在うまくいっているのか（本当に儲かっているのか）が明確に表れるからです。

ここからは、損益計算書のチェックポイントについてくわしく説明しますが、重要なのは、「売上よりも、『利益』に注目する」ことです。とくに営業利益（売上総利益から営業経費を引いた利益）に目を向けることが重要です。**会社経営にとって一番重要な数字は「売上高」ではなく、本業でどれだけ儲けているかを示す「営業利益」**なのです。

ちなみに、会社の精査段階だけでなく、会社の購入計画を立てる段階においても、「業種・

地域・規模・予算」に加えて、営業利益でどれくらいの金額を出す会社を買うのか、1000万円なのか5000万円なのか、はたまた1億円なのか、を具体的にイメージしておくことが重要です。

損益計算書を見て、毎年、売上も利益も増えている「増収増益」になっていれば問題ありません。一方で、売上が増えても利益が減っている「増収減益」か、売上が減っていて、かつ利益も減っている「減収減益」の会社は要注意です。減収減益の会社はもちろん、複数期にわたり増収減益になっている会社は、経営があまりうまくいっていない会社（危ない会社）と判断せざるを得ません。増収になっているのに、減益になってしまうのは、経営者としての資質が足りないなど、何か大きな問題のある会社と考えられるので気をつけてください。

■「3つの利益」を見て会社の良し悪しを判断する

さて、ここから損益計算書の、さらに重要なチェックポイントをくわしく解説します。次ページの図を見てください。これは、損益計算書の内訳を示したものです。損益計算書では、「利益」を「売上総利益・営業利益・経常利益・税金等調整前（税引前）当期利益・

当期純利益」の5段階で表します。その会社がどの段階で、どれだけどうやって儲けを出したのか（利益獲得に至る過程の内訳）が明確にわかるように、計算の過程が段階的に示されているのです。

ここで注目してほしいのが「売上総利益」「営業利益」「経常利益」の3つです。会社購入のさいに、この3つを精査するとつぎのようなことがわかるからです。

- 売上総利益で「仕入力」と「ブランド力」がわかる
- 営業利益で「運動能力」（＝ムリ、ムダ、ムラのなさ）がわかる
- 経常利益で「金融力」がわかる

この3点にフォーカスして数字を見れば、

損益計算書の利益に注目する

売上高
売上原価
　　売上総利益 → 「仕入力」「ブランド力」がわかる
販売費および一般管理費
　　営業利益 → 「運動能力」がわかる
営業外収益
営業外費用
　　経常利益 → 「金融力」がわかる
特別利益
特別損失
　　税金等調整前当期純利益
　　法人税等合計
　　当期純利益

「売上総利益」「営業利益」「経常利益」がとくに大切

ある程度その会社の良し悪しを判断できます。くわしくはこの後1つずつ解説しますが、まずは、「売上総利益」「営業利益」「経常利益」とはどのようなものかを説明します。

- 「売上総利益」売上高から売上原価（仕入など）を引いた金額（粗利益）
- 「営業利益」売上総利益から販売費および一般管理費（人件費、家賃、広告費など）を引いた金額
- 「経常利益」営業利益に営業外収益（受取利息、受取配当金など）を足し、営業外費用（支払利息など）を引いた金額

この3つが経営状態をチェックする肝になることを覚えておいてください。なぜ会社の財務力をはかるうえで重要なのかは次項から説明します。

ちなみに、会社の規模にもよりますが、経常利益が500万円を下回る会社は、極端な節税施策をしている会社か、そもそもあまり儲かっていない会社＝「体力がない会社」であることが多いので気をつけましょう。

財務諸表に表れている数字を読み解くコツや基礎知識を知っておくことは、会社を運営していくうえでも重要です。できれば財務に関する専門書などで勉強して、さらに財務リテラシーを高めておきましょう。

売上総利益で「仕入力」と「ブランド力」がわかる

■「仕入れコスト」が安いほど利益が増える

ここからは、前述した「決算書で『利益』をチェックするさいの3つのポイント」について、1つずつくわしく説明します。

1つ目は、「売上総利益で『仕入力』と『ブランド力』がわかる」です。

「売上総利益（粗利益）**」**とは、先ほど説明したように「売上高から売上原価（仕入など）を引いた金額」です。つまり、**その会社が「どんなものを、いくらで売って利益を得ているか」を包括的に知ることができる、最も基本的な利益**です。

たとえば、ある年の売上高が10億円で、仕入などの原価として8億円の支出があった場合、「2億円（10億円－8億円）」が売上総利益です。

この売上総利益から、その会社の「仕入力」と「ブランド力」がわかります。まず「仕入力」とは何かについて説明しましょう。

仕入は、小売店なら「店で売る商品をメーカーや卸売から購入すること」であり、製造業なら「製品を作るときに必要な原材料などを購入すること」です。同じ売上額であっても、この仕入コストが安ければ安いほど利益が増えます。

たとえば、同じ業態で同じくらいの売上高を出している製造業のA社とB社があるとします。原価（仕入）の差によってつぎのような違いが出てきます。

A社：売上高10億円―売上原価（仕入）8億円＝売上総利益2億円
B社：売上高10億円―売上原価（仕入）5億円＝売上総利益5億円

この場合、売上原価（仕入）を抑えて、より多くの売上総利益を出しているB社のほうが、A社より「仕入力が高い」といえます。

このように、同じような業態で同じ売上高であっても、仕入先に対しての交渉力が高い、または他社にはない独自の仕入ルートを持っているなどで、より安く仕入ができる会社が、「仕入力が高い会社」です。この仕入力が高いか低いかが、売上総利益に出るのです。

ただし、仕入に関しては、会社購入後に取引先を変更すれば、仕入額を抑えられる可能性が高いので、あくまでも会社購入のさいの参考値として考えましょう。

■付加価値が高い会社は利益も多い

つぎに「ブランド力」についてです。

売上総利益には、その会社の「ブランド力」も表れます。ここでいう**ブランド力とは、その会社が提供している商品・サービスの「付加価値」の高さ**です。

たとえば、グッチやルイ・ヴィトンなどの有名ファッションブランド会社は、大都市の一等地に大きな店舗を構えて、限られた点数の高額な商品を陳列し、多くのスタッフを配置して営業しています。このような会社は、商品の売上原価に関係なく、ほかの会社の商品にはない付加価値、希少価値で勝負して高い売上高を上げているのです。

ほかでは売っていないもの（付加価値が高いもの）は価格競争にならないので、高く売れます。ほかの会社が売っているものと同じような商品でも、そこに何か工夫して付加価値をつければ、原価（仕入）を下げなくても、より高い値段で売れて利益も増えます。

ちなみに、どんな事業・商売でも商品やサービスに付加価値をつけられます。たとえば、あまり繁盛していない「たこ焼き屋」で、「女性店員が、４００円のたこ焼きに『愛情を注入する』オプショナルサービス」を400円でつけたところ大繁盛店になった、という例もあります。このように、付加価値をうまくつけられれば、原価（仕入）を下げなくても、売上と利益を大幅アップさせることもできるのです。

どんなビジネスでも、創意工夫により付加価値を生み出すことで利益を増やせます。売上総利益には、そうした企業の付加価値力＝ブランド力が表れているのです。

売上総利益は、その会社のすべての利益の源泉です。**売上総利益が低い会社を買うと利益が出づらいので、経営で苦労するリスクがあります。**会社購入の判断材料として売上総利益をチェックするときは、業界平均と必ず比較してください。そのさいには、経済産業省が作成・提供している「ローカルベンチマーク（通称ロカベン）」という、企業の経営状態を現状分析するためのツールを活用するか、帝国データバンクで企業データを収集すれば比較できます。

ただし、売上総利益が業界平均より低いからといって、すぐに購入を諦める必要はありません。**「仮に自分が経営したら原価（仕入）を下げられるか？　付加価値を上げられるか？」を予想・検討してみて、もしできそうなら購入する選択肢もあり**でしょう。いずれにせよ、決算書の数字だけで購入の可否を判断するのは危険なので、ほかの要素も含めて総合的に分析・判断しましょう。

営業利益で「運動能力」（ムリ、ムダ、ムラのなさ）がわかる

■「効率的に利益を上げているか？」がわかる

つぎに注目したいのが「**営業利益**」です。

営業利益は「売上総利益から販売費および一般管理費を引いた金額」と説明しました。つまり、**本業からいくら儲かったのかを表す利益**です。「販売費および一般管理費（販管費）」とは、人件費、家賃、配送費、広告費などの、いわゆる「オペレーションコスト」です。

たとえば、牛丼チェーン店で1杯500円の牛丼を作って提供するときに、そのための人件費が200円かかるのか、300円かかるのかで、営業利益が違ってきます。当然、人件費が200円ですんでいる店のほうが、営業利益が多く出ているお店です。

営業利益を見れば、売上総利益を生み出すための「人・モノ・情報」を効率的に使えて

いるかがわかります。陸上競技のアスリートは、体作りや体の動かし方のムリ、ムダ、ムラを極力なくすことによって高いパフォーマンスを発揮します。同じように会社も、ムリ、ムダ、ムラを極力減らして効率的に利益を上げている会社は、「運動能力」の高い会社といえます。

■営業利益は売上総利益と一緒にチェックする

営業利益を見るときは、売上総利益も一緒にチェックすることが重要です。**両者のバランスを見れば、その会社の経営体質（実態や問題点）が見えてくる**からです。

前述した有名ファッションブランド会社は、高い付加価値によって、多くの売上総利益（粗利益）を出しています。一方で、オペレーションコストはかなりかかっているはずです。つまり、営業利益の部分だけを見ると利益率はさほど高くないのです。

一方、飲食店業界に目を向けると、ファミリーレストランは、ほかの高級飲食店に比べると販売単価が低く、売上高に対する売上総利益の割合（粗利率）は低いはずです。しかし、スタッフの仕事が完全マニュアル化され、圧倒的に低いオペレーションコストで回しているため、営業利益は高いはずです。このように、売上総利益を生み出すためのオペレーションコストを下げると、おのずと営業利益が増えるのです。

経営で重要なのは、いかに低いコストで、より多くの売上総利益を生み出すかです。売上総利益が同業他社と比べて高いのに、営業利益が低い場合は、何か過剰に支出している経費があるか、効率の悪いことをしている可能性があります。ムリ、ムダ、ムラのある（運動能力が低い）会社と考えて、購入の判断材料にしてください。

逆に、営業利益が業界の平均値かそれ以上なのに、売上総利益が同業他社と比べて低い場合は、商品やサービスにあまり付加価値がない、仕入率が高い、過剰に値引きしてしまっている、などの問題を疑うべきです。

■営業利益は節税のための経費水増しに使われやすい

営業利益を確認するさいには、つぎの点もチェックポイントです。

- 人件費比率において、業界水準との乖離が5％以上あると、人の使い方に問題がある可能性が高い
- 営業利益は節税のための経費水増しに使われやすいので、あくまでも参考値として見ておく

●役員報酬の割合が売上の10％を超える場合は、設備投資や人材投資が十分でないことが多い

2つ目の「営業利益は節税のための経費水増しに使われやすい」とは、なるべく税金の支払いを安く済ませる（利益を減らす）ために、役員報酬などを増やすといったケースです。

このように、**経費には水増しされやすい項目と、されにくい項目があるので、そのあたりも踏まえて正確に数字を分析することが重要**です。

また営業利益は、会社を買って経営者になったとき、そこから自分の裁量で自由に使えるお金（経費）の源泉になるので、その点も含めて自身の希望と合うかどうかをチェックしておきましょう。

経常利益で「金融力」がわかる

つぎのチェックポイントは「**経常利益**」です。

経常利益は、営業利益に営業外収益を足し、営業外費用を引いた金額で、会社の「経常的に（つねに）発生する利益獲得能力」を示しています。

営業外収益とは、「受取利息」「受取配当金」「雑収入」など。営業外費用とは、借りたお金に対する「支払利息」や「雑損失」などです。

つまり、**会社が持っている金融資産から発生する収入と、借りているお金によって出ていくお金を足し引きしたのが経常利益**です。

経常利益がどれくらいあるかによって、その会社の「金融力」すなわち、「いかに低い利率で金融機関から借入できていて、ムダな資金をだぶつかせていないか」がわかります。

経常利益には、本業の利益である営業利益を生み出すための資金を、どれだけ効率よく調達できているかが表れるのです。ちなみに、経営状態がいい会社は、金融機関からの評価が高まり、借入利率が下がるため、利率は総合的な企業力を判断するために重要な指標となります。

経常利益が多い会社は金融力が高い会社といえますが、**営業利益がたくさん出ているのに経常利益が少ない場合は要注意**です。借入が過剰であったり、借入の利率が高すぎる、金融力が低い会社の可能性があるからです。

過剰な借入があると経常利益が減って、その分、会社の体力を圧迫してしまうので、経営状態としてはあまり好ましくありません。しかし、借入せずに会社を回すための資金が不足すると、外部環境の変化に耐えられません。そのあたりのバランスがとれているか否かもチェックポイントです。

経常利益を確認するさいには、つぎのチェックポイントも重要なので、基礎知識として覚えておきましょう。

●受取利息や受取配当金などの営業外収益が、支払利息や社債利息といった営業外費用（支出）の金額を上回ることはあまりないので、営業外費用を注視することが重要
●役員貸付（会社が役員に対して貸し付けているお金）に対して利息を払っているケースもある。

その場合、利息分が損失として計算されておらず、正確な経常利益が出てこないので注意する

ここまで、売上総利益、営業利益、経常利益のチェックポイントを説明してきましたが、最後に具体的な例（数字）を使って、数字の見方をおさらいしましょう。

左ページの図は、ある会社の損益計算書の数字を第1期と第2期で比較したものです。

この表からつぎのことがわかります。

①売上総利益：売上高の増加（＋169）にともなって、売上総利益も増加（＋33）しているが、売上高の増加と比べると、それほどでもない
②営業利益：大幅な減益となっている（▲104）
③経常利益：さらに減益となっている（▲125）

①の情報からわかることは、「会社の商品・サービスの付加価値が下がっている」「過剰に値引きしてしまっている」「仕入値が上がっている」可能性があるということです。

②からわかることは、「おそらく販管費（オペレーションコスト）が増えている」ということです。

損益計算書を比較する

	第１期	第２期	増減
売上高	2,218	2,387	↗ 169
売上総利益	1,555	1,588	↗ 33
営業利益	425	321	↘ ▲104
経常利益	426	301	↘ ▲125
税引前当期利益	410	368	↘ ▲42
当期利益	243	220	↘ ▲23

③からわかることは、「第１期では営業利益より経常利益のほうが少し多い（＋1）ので、受取利息か受取配当金が多かった」。一方、第１期から第２期にかけて経常利益が大きくマイナスになっているので、「新たに借入して金利負担が増えた」、もしくは「何か金融収入が得られるものを手放した」可能性があるということです。

このように、財務諸表の損益計算書を期をまたいで見比べて、「気になる数字の動き」があるときは、何か経営に変化が生じているはずです。その点をしっかり見定められると、その会社の経営状態（動き）が見えてきます。

貸借対照表で会社の健康状態が明らかになる

■貸借対照表を見れば「お金の流れ」が見えてくる

ここまでは損益計算書の読み方について解説しました。財務状況の実態を把握するためには、損益計算書と同時に「貸借対照表」の読み方とチェックポイントも知っておく必要があります。**貸借対照表を見れば、その会社の「健康状態」が、より明確にわかる**からです。

まずは、貸借対照表の基本的な読み方から説明します。左ページ図が貸借対照表の概念図（内訳）です。貸借対照表は、会社の「預金通帳」のようなものだといいました（204ページ）が、つまり、決算期末日現在の「会社の財産内訳」を示したものです。

貸借対照表は、左側に「資産」、右側に「負債」と「純資産」が記載されています。

貸借対照表（BS）の基本

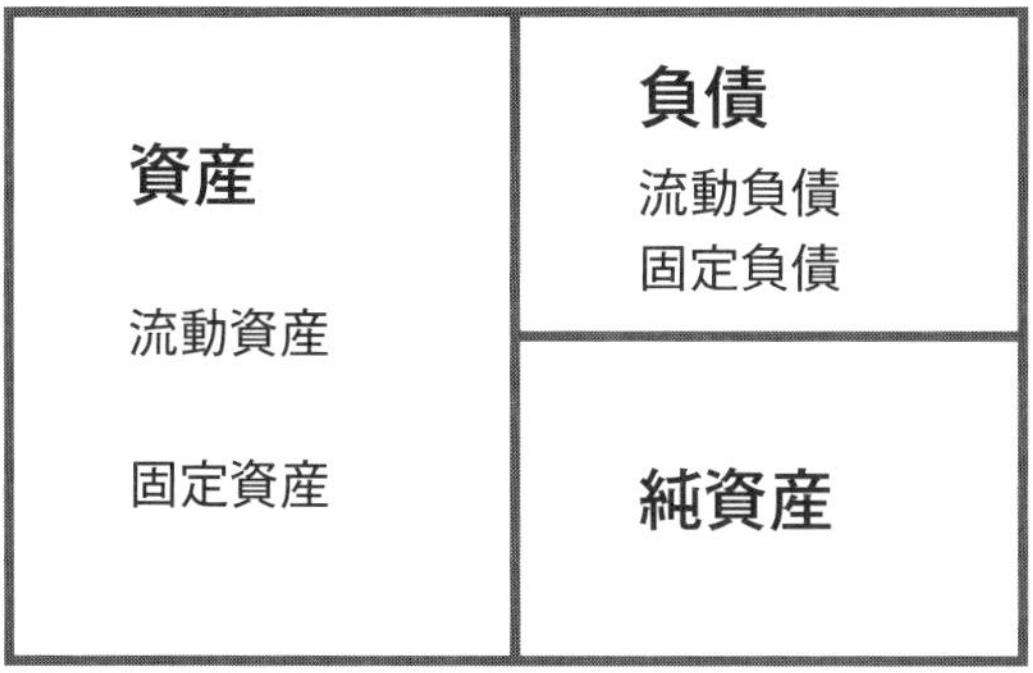

右側を見れば、お金をどうやって調達したか、
左側を見れば、どう運用・活用しているかがわかる

左側の「**資産**」の部分には、現預金（現金と預金）がどのように形を変えているか、つまりお金を何に使っているか（運用形態）が書かれています。資産は、現金・小切手・株券・商品・製品などの「**流動資産**」と、土地・自社ビル・工場・ソフトウェア・特許権などの「**固定資産**」に分かれます。１年以内に現預金化する可能性が高いものが「**流動資産**」、１年以内に現預金化しない可能性が高いものが「**固定資産**」です。

右側の「**負債**」と「**純資産**」は、お金をどこからもってきたのか（＝調達方法）が書かれています。他人から借りていて、返す必要のあるお金（他人資本）が「負債」。自分たちがもともと持っているお金（自己資本）で、返す必要のないものが「純資産」

です。「負債」は、1年以内に返さないといけない「**流動負債**」と、1年以上の長い期間で返せばいい「**固定負債**」に分かれます。

ちなみに、負債の総額が資産の総額を超える状態が、いわゆる「債務超過」です。

貸借対照表を見れば、現預金を何に変えて、どう運用・活用しているのか、そのお金をどこからどうやって調達してきたのかがわかります。左右（運用と調達）の合計金額はつねに一致しているため、バランスシート（BS）と呼ばれるのです。

■「純資産よりも負債が多い」会社は問題あり

ここまでが貸借対照表の基本的な読み方です。では、いい会社かどうかを見極めるためには、貸借対照表のどのような点をチェックすればいいのでしょうか。

貸借対照表には、その会社の売上や利益ではなく、所有している財産の状態が書かれています。そこには長年の経営の結果が積み重なっているので、貸借対照表の数字を分析すれば、これまでどんな経営判断をしてきたかがよくわかります。会社購入するさいには、とくにつぎの点を中心にチェックして、その会社の本質・体質を見抜いてください。

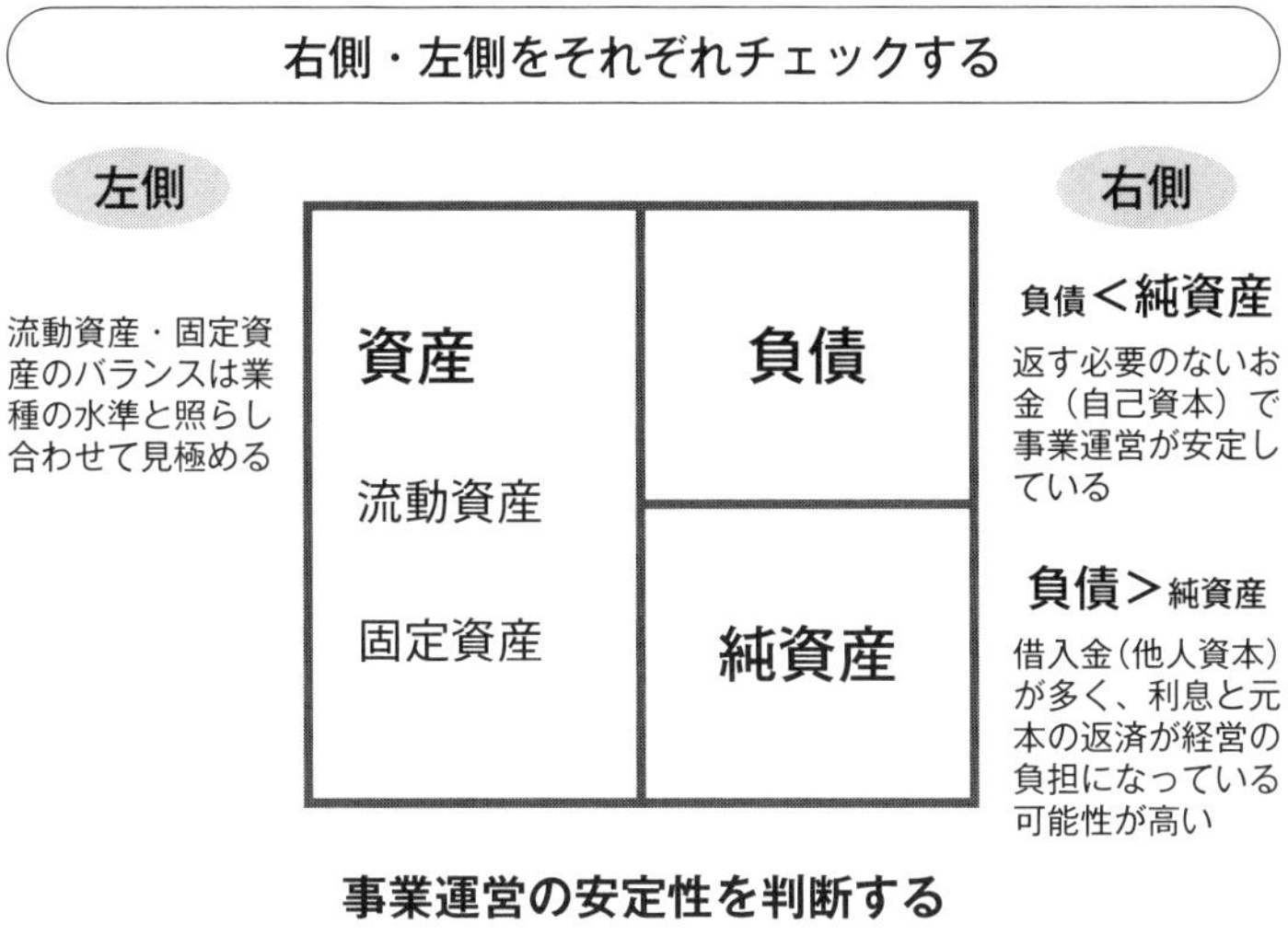
右側・左側をそれぞれチェックする
左側
右側
流動資産・固定資産のバランスは業種の水準と照らし合わせて見極める
資産
流動資産
固定資産
負債
純資産
負債＜純資産
返す必要のないお金（自己資本）で事業運営が安定している
負債＞純資産
借入金（他人資本）が多く、利息と元本の返済が経営の負担になっている可能性が高い
事業運営の安定性を判断する

- ●「資産」の項目を分析して、現金が何に変わっているかをよく見る
- ●「負債」の項目を分析して、現金がどこからどのような形で来ているかを確認する
- ●「純資産」の項目を分析して、利益を出して内部留保する、という健全な経営をしてきたかを確認する

貸借対照表のチェックポイントについて、もう少しくわしく説明しましょう。チェックの基本は、流動資産・固定資産・流動負債・固定負債・純資産の5つのブロックのバランスを見ることです。

まず右側の「調達」の部分の「負債」と「純資産」を見てみましょう。このとき、「負債よりも純資産が多い」状態（純資産＞

負債）になっていることが重要です。「調達」部分全体における純資産の割合が大きければ大きいほど、返す必要のないお金（自己資本）で事業運営されている安定した会社といえます。

逆に、「純資産よりも負債が多い」会社は問題ありです。返す必要のあるお金（負債）が、返す必要のないお金（純資産）を上回っているので、安定した経営が行われていない可能性が高いからです。こうした会社は借金が多く、利息と元本の返済が経営の負担になっている可能性が高いといえます。

■「流動資産」と「固定資産」のバランスを確認する

つぎに左側の「運用」の部分ですが、「流動資産」と「固定資産」のバランスはどう見ればいいのでしょうか。ここでは、単純にどちらが多い・少ないで経営状態の良し悪しを判断することはできません。

たとえばディズニーランドのようなテーマパークでは、さまざまなアトラクション施設（固定資産）から得られる収益が売上の源泉になっています。この場合、長期運用である固定資産が多いほうが経営的に安定しているといえます。

一方、士業のように基本的に設備を必要としない業種では、固定資産が多い場合、経営状態があまりよくない可能性があります。

また、製造業などでは、流動資産と固定資産が半々くらいのバランスになっているのがいいとされています。

流動資産と固定資産の良好なバランスは、業種によってケースバイケースなので、買いたい会社がどのような業種かによって、「運用」部分のバランスの良し悪しを判断してください。

■貸借対照表の左右のバランスをチェックする

貸借対照表の左右（運用と調達）のバランスをチェックすることも大事です。

まず左側（運用部分）の「流動資産」と、右側（調達部分）の「流動負債」を比べてみてください。ここで、**「流動資産＞流動負債」となっている会社は、経営に余裕のある会社**といえます。前述したように、流動資産は短期で現預金化する可能性が高いものであり、流動負債は短期で返さないといけないお金です。したがって、流動資産が流動負債より多いほど、経営が安定しているのです。逆に、流動負債が流動資産より多ければ資金ショート（手元の現預金が不足している）状態で、今後さらに経営状態が悪化する可能性があります。

左右のバランスを比べる

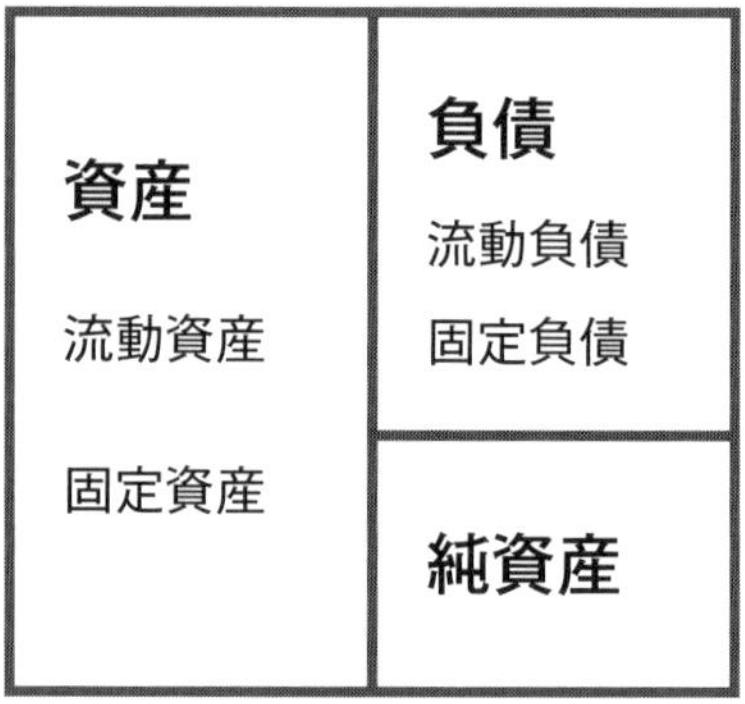

固定資産＜固定負債＋純資産

長く保有する固定資産を、固定資産と純資産で購入できている

固定資産＞固定負債＋純資産

固定資産を流動負債で購入しているため資金ショートによる経営リスクあり

お金の流れや経営状態が見えてくる

もう1つ、左右のバランスでチェックしてほしいのは、「固定資産＜固定負債＋純資産」となっているかです。こうした会社は経営が安定していることを示しています。

逆に、「固定資産＞固定負債＋純資産」（固定負債と純資産を足した金額よりも、固定資産が多い状態）になっていたら、固定資産購入の資金として、短期的に返済しなければならない流動負債の一部を充てていることになります。固定資産は短期間で現金化できない資産なので、こういう状態になっていると、やはり資金ショートから経営状態悪化に陥るリスクがあります。このような会社の購入は慎重に判断したほうがいいでしょう。

以上が会社購入のさいの貸借対照表のチ

ェックポイントです。相手経営者と食事などで直接話をするとき、社長の興味が損益計算書（売上や利益）に偏っている場合は注意してください。「お金の調達と運用」の面に問題があり、会社の健康状態が悪い危険性があります。損益計算書だけではなく、貸借対照表も確認・分析することで、いい買い物ができる可能性が高まります。ぜひ、両者の数字で会社の良し悪しをチェックし、会社購入の可否を判断してください。

第6章まとめ

▶経営とは「出したお金よりも、入ってくるお金が多い判断ができるか」がポイント

▶数字がわからないと本当の意味で経営者にはなれないので、最低限把握しておく

▶売上至上主義は危険。損益計算書の利益を理解して取り組み、数値と紐づけて経営する

▶利益だけではなく、貸借対照表を読み解いて財務体質の強化を図る

第7章

「資料精査」でリスクを徹底的に洗い出す

「仕訳日記帳」を整理して粉飾を見抜く

■決算書に表れないリスクを徹底的に洗い出す

前章の「決算書の数字」のチェックが終わった時点で、「この会社を買おう」という気持ちがほぼ固まっている人もいるでしょう。相手経営者ともすっかり仲良くなり、相手も「あなたになら会社を譲ってもいい」と言ってくれているかもしれません。

しかし、ここで会社購入を決断するのは時期尚早です。購入を決める前に、もう1つやってほしいことがあるからです。それは、「決算書以外の資料やデータを精査し、リスクを徹底的に洗い出す」作業です。

ここでおもにチェックしてほしいのは、つぎに挙げる項目です。

●「仕訳日記帳」の内容
●「個別採算」（商品・顧客別の採算状況）
●「取引先名簿」（仕入先や顧客との関係）
●「訴訟や行政指導・処分」の履歴と将来的リスク
●「特許や商標」の申請状況と将来的リスク
●「株主名簿」（株主構成の実態）

これらの資料やデータは、企業にとってきわめて重要な情報であり、決算書のように簡単に入手できません。一部データは専門家による調査などで入手できますが、正確な情報を入手するには相手経営者に直接お願いするしかありません。

とくに、仕訳日記帳（決算書のもとになる、日々の取引内容がすべて書かれた帳簿）を他人に見せるのは、個人・家庭でいえば、「いつどこで、何を、いくら買ったか（食べたか）」を記録した家計簿や小遣い帳が丸裸にされるようなものなので、経営者の多くは「他人に見せるのはちょっと……」と躊躇するはずです。

相手と十分仲良くなった段階で、「すみませんが、もう少し細かい数字を見せていただくことはできませんか？」といった感じで聞いてみましょう。相手経営者と十分親しい関係になっていれば見せてくれるはずですが、もし見せるのを嫌がるようなら、その会社の購入は考え直したほうがいいかもしれません。仕訳日記帳に記載された情報は、それくらい重要なものなのです。

これらの項目を確認する目的や重要性、チェックポイントについては後述しますが、このチェック作業によって、ここまでの精査ではわからなかった「経営の実態やリスク」が見えてきます。会社購入前の最終チェックとなるので、慎重かつ入念に確認作業を行いましょう。

■仕訳日記帳を分析すれば「粉飾」も見抜ける

まずは「仕訳日記帳」についてです。個々の取引の記帳業務なしに損益計算書は作成できないので、どんな会社でも必ず仕訳日記帳をつけています。

損益計算書には「接待交際費としていくら使った」としか書かれていませんが、仕訳日記帳を見れば、「いつ、どこの店で、何にいくら使ったか」まで細かくわかります。

つまり、**もし損益計算書上の数字が会社にとって都合よく粉飾されていたとしても、仕訳日記帳を整理して分析すれば粉飾を見破ることができる**のです。ちなみに、よくある粉飾は「棚卸し（期末在庫）の数字のごまかし」「本来計上すべき経費（外注費など）を計上し

「仕訳日記帳」サンプル

日付	勘定科目（大分類）	勘定科目（中・小分類）	補助科目	借方	貸方
9月10日	費用	事務用品費	仕入先：A文房具店	100,000	
9月10日	資産	普通預金	銀行：B銀行		100,000
9月12日	資産	商品		800,000	
9月12日	負債	買掛金	仕入先：C商事		800,000
9月19日	収益	売上金	顧客：D商店		1,000,000
9月19日	資産	売掛金	顧客：D商店	1,000,000	
9月19日	資産	商品			800,000
9月19日	費用	仕入高	仕入先：C商事	800,000	

ていない」などです。

仕訳日記帳（エクセル表）を提供してもらったら、**「お金の使い方に何か問題はないか」「支出内容に不審な点はないか」**などを、**データを整理しながら細かくチェック**します。会議費、通信費、旅費交通費、交際費、雑費など個々の項目ごとに整理して、1つひとつ確認していくのです。

この確認作業は、相手側（経営者に加え、経理担当者も交えて）と一緒に行うのが理想です。気になる点があればその場で、「この旅費交通費は、何をしにどこへ行ったんですか？」「この雑費は、具体的に何を買ったんですか？」と単刀直入に聞いてみましょう。

このとき、経営者も経理担当者も、それが何の経費かすぐにわからないことがあるので、返答が曖昧な場合は経理担当者にお願いして請求書や領収書・レシートを見せてもらいましょう。それを見れば、「雑費（コンビニで購入）」としか記載されていない場合でも、実際に何をいくつ買ったのかまで確認できるはずです。

その会社が受け取った請求書や領収書・レシートを見ていくと、お金の使い方の実態がさらに細かく見えてきます。この**レベルまで把握すれば、数字を見誤ることや実態把握で失敗することはまずない**でしょう。

■私的経費を抜いて「正常収益力」を把握する

また、仕訳日記帳の確認は、お金の使い方にムリ、ムダ、ムラがないかをチェックして**「正常収益力」**を見ることも重要な目的の1つです。

正常収益力とは「本来あるべき利益」です。

たとえば、ほとんどの中小企業の決算書には、私的経費が少なからず含まれています。私的経費とは、会社の経営のためではなく、明らかに個人的な買い物や飲食などで使ったお金です。

決算書を見ただけでは私的経費がどれくらいあるのか、私的経費を抜いた本来あるべき利益がいくらなのかがわかりません。**仕訳日記帳を確認して、「私的経費を除けば、本来これだけの利益を生み出すことができたはず」という数字**（正常収益力）**を把握しておくこと**が重要です。

ちなみに、経営者が個人的に使っているお金であっても、事業投資（何らかの事業に資金投入して利益を増やすこと）として、いずれ何らかの形で会社の利益として返ってくるのであれば、多少の経費計上は問題ありません。しかし、愛人に使ったお金など、どう考えても事業投資にならない経費を多額に計上している場合は問題です。

正常収益力を把握するためには、つぎのようなポイントを確認しましょう。

- 私的経費がどれくらいあるか（とくに、社長の個人的経費に注意）

- 二重に払っているムダな経費はないか

- ほとんど使っていないサービスに払っている経費はないか（登録だけして使っていないネット課金サービスなど）

- 逆に、客観的に見て「ここは、もう少し使ったほうがいいのでは？」という経費はないか

小さな会社の多くは、社長の財布と会社の財布がほぼ一緒になっていて、社長自身、自分のお金と会社のお金の区別がついていません。そんな状態では、お金の使い方にムダが出るのも当然です。

また、経営者のお金の使い方、とくに私的経費の使い方（金銭感覚）はそう簡単に変わるものではありません。結婚を前提に付き合っている相手の小遣い帳を見て、「こんなお金

の使い方をしている人とは一緒に生活できないな……」と感じたら結婚に踏み切れないでしょう。会社購入後に、もし（期間限定的であっても）経営陣として残ってもらう可能性がある場合は、経費の使い方に問題がないかを十分に注意してチェックしてください。

仕訳日記帳の整理・分析によって、会社のお金の使い方の実態や、経営者の金銭感覚を把握できます。そこに潜むリスクを徹底的に洗い出して、会社購入の最終決定の判断材料にしましょう。

商品・顧客ごとの「個別採算」で経営上の問題点を見つける

■商品や顧客ごとの売上と利益をチェックする

つぎにチェックしてほしいのが、商品や顧客ごとにどれだけ売上と利益が出ているか、という「**個別採算**」です。たとえば、飲食店や小売店などＢｔｏＣサービスを提供している会社なら商品・サービスごとの収支であり、ＢｔｏＢ企業なら顧客別に見た収支の状況です。

仕訳日記帳からは、その会社の「お金の使い方」が、**個別採算からは「売上・利益の出し方」が見えてきます**。さらに、個別採算をチェックすれば、どの顧客との取引額が大きいか（会社にとってどの顧客の重要度が高いか）がわかるので、「顧客との付き合い方（関係性）」も把握できます。顧客との付き合い方を把握しておくことは、会社購入後の経営に大きく影響してくる重要ポイントです。「取引先名簿」の確認（詳細は次項）も含めてチェックしましょう。

もし、日頃から個別採算を出している会社なら、そのデータを見せてもらえばいいのですが、出していなければ相手経営者や経理担当者の協力を仰いで数字を整理し、個別採算を出してみましょう。

残念ながら、多くの小規模企業は個別採算の数字をきちんと算出・管理していません。そういう会社ではそもそも、個別採算を出すための資料やデータが整理されていないので、まずは個別採算を算出するための資料・データの整理から始めなければなりません。

一方で、個別採算を出すことの重要性を理解し、きちんと個別採算の数字を算出して経営戦略に役立てている会社は、その時点で優良企業といえるでしょう。

■「儲かっている商品」「儲かっていない商品」を把握する

個別採算のチェックによって、「顧客との付き合い方」がわかるだけでなく、経営上の問題点も見えてきます。商品・サービスごとの売上・利益をチェックすれば、どの商品・サービスで儲かっていて、どこであまり儲かっていないかが明確になるからです。この点について具体例を挙げて説明しましょう。

たとえば、カニクリームコロッケを1個500円で出しているレストランがあるとします。原価（カニやホワイトソースの原材料の仕入値）は売値の30％（150円）で、時給1000円のスタッフが2時間かけて作っている場合、人件費が2000円かかっています。となると、原価＋人件費＝2150円かけて500円の商品を売っていることになります。

ちなみに飲食業界では、売上高に対するコスト（材料費と人件費）比率の管理が重要だとされていて、この「材料費（フード）＋人件費（レイバー）」の金額を「FLコスト」と呼んでいます。先ほどのカニクリームコロッケのFLコストは販売価格を大幅にオーバーしているので、商品単体で見ると大赤字です。

■売上額を見ているだけでは全体の利益は上がらない

問題は、儲かっていない商品があることではなく、どの商品でどれくらいの利益が出ていて、どの商品で利益が出ていないかを経営者が把握できていないことです。世のなかには、売上至上主義で売上額ばかりを見ていて、どこでどれだけ利益を上げているのか、どの商品・顧客が利益率が高い（または低い）のかを把握していない経営者がたくさんいます。

個別採算を見ると、どこに経営上の課題・問題があり、どこに改善の余地（伸びしろ）があり、どこでもっと利益を出せそうかが見えてきます。売上至上主義をやめて、個別採算

「顧客別採算」と「商品別採算」のサンプル

売上一覧表

日付	顧客名	商品名	数量	販売単価	販売価格	仕入単価	仕入価格	粗利益
1月4日	四井商事	ビール	200	1,000	200,000	800	160,000	40,000
1月6日	四菱物産	日本酒	50	3,000	150,000	2,000	100,000	50,000
1月8日	角紅商会	ワイン	10	2,000	20,000	1,500	15,000	5,000
1月9日	四井商事	ビール	150	1,000	150,000	800	120,000	30,000
1月11日	四井商事	ワイン	30	2,000	60,000	1,500	45,000	15,000
1月12日	四菱物産	日本酒	40	3,000	120,000	2,000	80,000	40,000
1月13日	四菱物産	ワイン	30	2,000	60,000	1,500	45,000	15,000
1月16日	四井商事	ワイン	10	2,000	20,000	1,500	15,000	5,000
1月18日	四菱物産	ビール	50	1,000	50,000	800	40,000	10,000
1月19日	四井商事	ビール	100	1,000	100,000	800	80,000	20,000
1月22日	四井商事	日本酒	10	3,000	30,000	2,000	20,000	10,000
1月25日	角紅商会	ワイン	50	2,000	100,000	1,500	75,000	25,000
1月26日	四井商事	ビール	100	1,000	100,000	800	80,000	20,000
1月28日	四菱物産	日本酒	50	3,000	150,000	2,000	100,000	50,000
1月30日	四井商事	ワイン	10	2,000	20,000	1,500	15,000	5,000
1月31日	角紅商会	ビール	50	1,000	50,000	800	40,000	10,000

顧客別採算

顧客別	販売価格	粗利益
角紅商会	170,000	40,000
四井商事	680,000	145,000
四菱物産	530,000	165,000
総計	1,380,000	350,000

商品別採算

顧客別	販売価格	粗利益
ビール	650,000	130,000
ワイン	280,000	70,000
日本酒	450,000	150,000
総計	1,380,000	350,000

をチェックして個々の赤字を減らしていけば、おのずと全体の利益が上がるのです。

会社購入のさいは、おおまかでもいいので個別採算を見れば、その会社がどうやって儲けているのか、その会社の価値がどこにあるのかが、より明確に見えてきます。個別採算の把握は、会社購入の判断材料になるだけでなく、会社購入後の事業戦略にも役立ちます。個別採算を見て問題点を解消すれば、一気に経営状態が改善することもあるので、その点を念頭に置いてチェックしてください。

「取引先名簿」からリスクを見抜けないと大ダメージ

■経営者交代が取引をやめる理由になる⁉

つぎにチェックしてほしいのが**「取引先名簿」**です。相手経営者に頼んで、仕入先、顧客など取引先のリストを見せてもらいましょう。

先ほど、顧客ごとの個別採算を見て「顧客との付き合い方」を把握することが大事だといいましたが、ここで改めて「取引先（おもに顧客）との関係」をチェックして、そこに潜むリスクを洗い出すのです。

取引先との関係でチェックすべき点、**洗い出すべきリスクで最も注視したいのは、「いまある売上、利益は将来にわたって約束されたものか？」**という点です。

つまり、「現在、付き合いのある仕入先は、経営者が変わっても引き続き取引してくれるのか？」「いま仕事を発注してくれている顧客は、承継後も変わらず発注し続けてくれるのか？」です。

経営者が変わったとたんに「今後は取引をやめたい」「契約を解除したい」と言ってくる取引先がいたら、経営にとって大ダメージどころか会社の存続すら危うくなります。

よくあるのが、「彼（経営者）は古くからの友人だから付き合ってきた」という取引先です。彼らにすれば、経営者が変わったらその会社と取引する理由がなくなるので、「これを機に、お付き合いはやめにしたい」と言ってくる可能性がおおいにあります。

たとえば、友達が店長をしている行きつけの飲食店があったとしても、店長が変わってしまったら行かなくなるのと同じです。そういう話は中小企業では山ほどあります。取引先名簿から「しがらみ」と、そこに潜むリスクを見抜けないと大ダメージです。

■「契約期間」は必ずチェックする

そうした人間関係やしがらみ以外にも、**契約期間の終了などで、取引先や協力会社、経営基盤を失うリスクもあるので要注意**です。

たとえば、テナント契約で貸ビルに入っている飲食店なら、契約で「○年間」と賃貸期間が限定されている場合があります。契約終了までがもし5年だったとしたら、5年以内にそのビルから撤退しないといけないのです。そうした契約を知らずに会社購入してしまったら、想定外のトラブルや出費で苦労することになります。

とくにＢｔｏＢ企業の場合、過去の経緯までさかのぼって、顧客（得意先）との契約条件や特約事項などをきちんと確認しましょう。めでたく会社を承継したものの、得意先との契約切れで、「購入直後に、3年以内に売上の8割がなくなってしまうことが判明した」という笑えない話もあります。

また、小さい会社の場合、そもそも契約書を交わしていないケースや、取引条件が変わっているのに、契約書上では最新の情報に更新されていないケースもよくあります。

■相手経営者自体が気づいていないリスクに要注意

こうした契約に関するリスクは、相手経営者がうっかりしていて気づいていないこともよくあります。とくに個別採算を取っていない会社の場合、きちんと顧客管理ができていない可能性が高いので、契約も口約束でいい加減なものになっていることが多くあります。

会社購入後にふたを開けてみたら重要な取引先との契約切れが見つかり、「えっ、何でそんなことになっているんですか？」と相手経営者を問いただしても、「いや、すみません……、つい抜けていました」と言われておしまいです。

その会社の利益の源泉が期間限定だとしたら、会社存続の危機につながります。**個別採算も合わせて取引先名簿と契約内容を確認し、「どの顧客から、何年で、いくら売上・利益が確実に上がるのか」をしっかり確認**しましょう。

創業社長が経営する会社の場合、その社長の個人的な人間関係やしがらみで経営が成り立っているケースが非常に多くあります。取引先名簿を見せてもらうさいには、そのあたりの事情も含めて聞いておくことをお勧めします。

「訴訟や行政指導・処分」にからむリスクを洗い出す

■訴訟問題は企業体質・経営者体質と関係している

ここまで、売上や利益などお金の面で会社の経営状態を精査してきましたが、つぎのステップで行ってほしいのは、「法務に関連するリスク」のチェックです。

法務（法律や法令に関する業務）に関連するリスクとは、「訴訟や行政指導・処分」「特許や商標」にからむリスクです。こうしたリスクが、交渉の終盤や会社購入後に大きなトラブルの原因になることがあるので、しっかりと確認しておく必要があります。

まずは「訴訟や行政指導・処分」についてです。

ここで重要なのは、**「過去に何か訴訟履歴があったり、行政から指導・処分を受けたことがないか」「将来的に訴訟問題に発展したり、行政指導・処分を受けるリスクはないか」**

をチェックすることです。

多くの訴訟や行政指導・処分は、法規・法律を守っていないことから起こります。ここでは、そもそも法規・法律を守って健全な経営活動をしている会社か（企業体質や経営判断の傾向）のチェックが肝となります。したがって、できれば経費の使い方や売上・利益の作り方に関して、きちんとルールを守ってやっているのか、法律違反に当たることをしていないかまで含めて確認しておくのが理想です。

実際に、ある人が焼肉店経営会社を購入しようとしたときに、調査段階でその会社の「食品偽装問題」が発覚し（「佐賀牛」といっていたが、実はオージービーフだった）、承継話が流れてしまったケースがあります。法律を遵守することは企業活動の大前提です。通常のM＆Aであれば、法務デューデリジェンス（法務リスクに関する調査）を必ず行いますが、個人で会社を買うさいにも、専門家に頼むなどして法務関連のリスクがないかを確認しましょう。

訴訟問題は、往々にして企業体質や経営者体質と関係しています。訴訟をするのが好きな経営者と、訴訟を受けがちな経営者がいるのです。前者は、何か気に食わないことあったら、すぐに「じゃあ、裁判で闘いましょう」というタイプの経営者です。一方、訴訟を受けがちな経営者の多くは「脇が甘い」タイプです。たとえば、「知的財産権に対する意識が低く、権利問題で訴えられる」「労務に関する知識が浅く、雇用者から未払い残業について訴えられる」といったケースです。いずれも経営者として問題があるので、訴訟問題が発生するリスクが高い人か否かを、会社購入前に慎重にチェックする必要があります。もちろん経営内容（商品やサービス）に訴訟を起こされるようなリスクを有していないかも事前にチェックしましょう。

■許認可取消しなどの行政処分は会社の命取りになる

訴訟問題と並んでチェックが必要なのが「行政指導・処分」についてです。「行政指導」とは行政からの助言・指導・勧告などで、「行政処分」は行政指導よりも強制力が強く、業務改善命令・営業停止処分・許可（認可、免許を含む）取消し処分などがこれに当たります。

このなかで、会社購入時にとくに気をつけてチェックしてほしいのが、**これまで行政処分を受けたことがないか、今後、行政処分を受けるリスクはないか**です。

たとえば、「産業廃棄物処理業者が、長年にわたり不法投棄を続けていた」「建設業者が建設業法に大きく違反した工事をしていた」などの場合は、営業停止処分を受けたり、場合によっては産業廃棄物収集運搬業許可、建設業許可が取消しになったりする可能性があります。「会社の突然死」という表現がありますが、突然死はその会社の売上や利益が低いといったレベルでは発生しません。しかし、行政処分（とくに許認可の取消し）は会社にとって命取りです。**許認可が必要な事業をしている会社なら、現在、何かルールに違反することをしていないかを、必ず厳密に調べておくべき**です。

過去の訴訟や行政指導・処分の履歴について調べるには、**相手経営者と十分親しくなった段階で単刀直入に、「これまで、何か訴訟や行政指導（処分）などはありましたか？」と聞いてみましょう。**ここまで超友好的に（信頼関係をベースに）承継話を進めてきていれば、相手経営者も包み隠さず教えてくれるはずです。

通常、会社を売る側からしたら、そうした話はあまり相手に知られたくありません。もし隠されたり、ごまかされたりする可能性が少しでもあれば、専門家（弁護士など）の力を借りて調査する方法もあります。しかし、ここではすでに相互の信頼・信用が築かれていることを前提として、正直に情報公開してもらうように依頼しましょう。

ただし、**将来的な訴訟や行政指導・処分にからむリスクを洗い出したり、税法違反、労働基準法違反をしたりしていないかを調べるには、やはり専門家の力が必要**です。とくに、法規・法律に違反しているのか、いないのかが曖昧なグレーゾーンについては、専門家でないとよくわかりません。弁護士、社労士、税理士、また知的財産に関することなら弁理士にサポートしてもらいましょう。

「知的財産」にからむリスク確認で倒産は避けられる

■権利問題で訴えられると「倒産」に追い込まれることも

先ほど「行政処分は会社の命取りになる」といいましたが、もう1つ、これだけはチェックしておかないと、会社存続の危機に瀕する項目があります。それは、「特許権や商標権」など、いわゆる「知的財産権」にからむ問題です。これらは気をつけないと、訴訟問題に発展するリスクをはらんでいるからです。

前述したように、経営者の「知的財産権に対する意識」が低いと、権利問題で訴えられることがあります。そうなると、場合によっては訴訟だけに留まらず、「倒産」に追い込まれる可能性すらあるので、会社購入のさいにはそうしたリスクがないかを厳密にチェックしましょう。

そもそも知的財産とはどのようなものでしょうか？　日本弁理士会のＷＥＢサイトでは、つぎのような説明がされています。

「音楽、映画、絵画などの著作物を保護する著作権、発明を保護する特許権、考案を保護する実用新案権、デザインを保護する意匠権、商品やサービスなどを区別するためのマークを保護する商標権など」

これらの知的財産を保護するのが、「知的財産権」です。なかでも**とくに気をつけてチェックしてほしいのが「特許権」と「商標権」に関するリスク**です。知らず知らずのうちに、これらを侵害しているケースが多いからです。たとえば、すでに特許権が取得されている技術を勝手に使って製品開発していた、商標権が取られている名称を自社商品・サービス名、店舗名にしていたといったケースです。

■特許権や商標権の侵害は知らなかったでは済まない

特許権侵害の有名な事例として、「ソリッドゴルフボール事件」があります。

これは、ある会社が輸入・販売していたゴルフボールについて、ブリヂストンスポーツが、自社の商品「ソリッドゴルフボール」の特許を侵害しているとして、輸入・販売会社に対して約56億円の損害賠償を請求した事件です。その後裁判で、特許権侵害が認められ、約9億円の損害賠償金の支払いが命じられました。

もう1つ、「椅子式マッサージ機事件」も注目を集めた事件です。あるメーカーが製造・販売していた、ふくらはぎを両側から空気袋で挟む形の「椅子式マッサージ機」について、東芝テックが、自社が保有する複数の特許を侵害しているとして訴えを起こした事件です。裁判の結果、最終的に約1100万円の損害賠償認定がなされました。

商標権侵害で裁判沙汰になったケースもたくさんあります。

過去に「『阪神優勝』という言葉の商標登録をしていた男性と、球団（阪神タイガース）が揉めごとになった」のは有名な話です。

ほかにも、飲食店を買ってみたら、「店名が商標権侵害をしていて、数億円の損害賠償金を請求された」ケースもあります。

店名や商品名は、ロゴマークのようにデザインされていたら「意匠権」が申請・登録されている可能性があります。また、ロゴデザインになっていなくても、「阪神優勝」のように言葉・文字（標準文字）だけで商標登録されている場合もあります。ロゴマークを無断で使用するのはもちろん、標準文字だけでも商標権侵害に当たる場合があるので注意してください。

知的財産権を侵害していると、場合によっては先ほどの事例のように巨額の賠償金を請求されます。知らなかったではすまされない、商業活動における重大な問題なのです。

中小企業の多くは、特許・商標について無頓着です。特許権、商標権を取得していない技術や商品・サービスは、いつ他人に盗まれるかわかりません。その**会社が他者の知的財産権を侵害していないかだけでなく、会社が持っている素晴らしい技術や売れ筋の商品・サービスが特許権、商標権をきちんと取得しているかも確認**しましょう。

特許・商標権の出願・取得状況については、「特許情報プラットフォーム（J-PlatPat）」などのＷＥＢサイトで簡単に調べられます。

場合によっては知的財産に関する専門家である弁理士に協力を仰いで現状を調査し、特許・商標権を取得しておいたほうがいいものがあれば、会社購入のさいに出願しましょう。

「株主名簿」を見れば会社購入の「調整難易度」が想像できる

■複数の株主がいる場合は売買価格で揉めやすい

会社購入前のリスクの洗い出しで最後にチェックしてほしいのが「**株主名簿**」です。「会社を買う」＝「株式を買う」ことであり、会社購入の交渉においては「株主の構成」や「経営者と株主との関係」が非常に重要な要素となるからです。

ここまで相手経営者とうまく交渉が進んできても、最後の最後に「株式買取り」の問題で（売買価格が折り合わず）購入を断念せざるを得ない可能性もおおいにあります。株主名簿を見れば、会社購入における「調整難易度」がおおよそ想像できます。どこかのタイミングで相手経営者に頼んで、株主名簿を見せてもらいましょう。

第3章（116ページ）で、親戚間における承継で「株主が複数に分散していて、調整の難易度が高い場合」は購入を諦めたほうがいい、といいましたが、これは親戚間の承継でなくても同様です。実際に、交渉の最終段階で複数の株主と売買価格について揉めてしまい、承継話が流れてしまったケースは山ほどあります。

たとえば、経営者に3人の息子がいて、長男が承継して社長になった会社がありました。ある人がその会社を買おうと交渉を進めていたとき、経営にまったく携わっていない次男、三男も株を持っている（株式が3等分されている）ことがわかりました。その人は、まず長男と株式譲渡の金額で合意したのですが、次男、三男との売買金額交渉が決裂し（2人がかなりの高額を提示してきた）、結局、購入を諦めることになりました。

人間というのは不思議なもので、持っているときはたいして価値を感じていなかった株式でも、いざ「売ってほしい」と言われると1円でも高く売りたくなるのです。

■「株式と議決権の基本的な考え方」を理解しておく

株式は、経営を左右する権限＝「議決権」と直接関係してくる非常に重要なものです。会社購入のさいには、まず「株式と議決権の基本的な考え方」を理解しておく必要があります。

株式会社の株主（出資者）**は、原則として1株につき1個の議決権を有しています**（「1株1議決権」の原則）。「議決権」とは、株主総会で提案された議案の賛否について意思表示（投票）できる権利です。

したがって株式を多く持っていればいるほど、経営に影響力を持っていることになります。**会社運営における決定権を持つためには、最低でも50％（1／2）以上の株式を保有しておくべきです。完全にその会社の運営における決定権を握るためには、最低でも66・7％（2／3）の株式保有が必要**です（第8章で詳述します）。

つまり、相手経営者が66・7％以上の株保有者ならその人とだけ交渉すればいいのですが、そうでない場合はほかの株主とも交渉・調整が必要なのです。

先ほど挙げた3兄弟の例の場合、本来なら会社を承継する長男に50％（1／2）を超える株を譲渡しておくべきなのに、前経営者（親）がそこを理解していないがために、3人均等に分散させてしまったのです。

株主名簿を見せてもらうとき、その名簿が最新の情報かも確認しましょう。帝国データバンクなどでも株主構成を調べられますが、古いデータのままになっていることも少なくありません。また、株主名簿がきちんと管理されておらず、相手経営者に聞いても「よくわからない」と言われるケースもあるので、場合によっては専門家（司法書士か弁護士）の力を借りて事実誤認がないようにしっかりと調べましょう。

■「社外にいる親族・親戚」が株式を保有している場合は諦める

株が親族・親戚に分散している場合、「社内にいる親族・親戚」で分け合っている場合と、「社外にいる親族・親戚」まで保有しているケースがありますが、後者の場合は要注意です。社内にいる親族・親戚は、会社が承継されたら新しい社長と仲良くやっていこうと思うので、株式の売買交渉において比較的こちらの要望に応じてくれます。

しかし、社外にいて株を保有している親族・親戚は、先ほどの次男、三男のように、単純に「売るならできるだけ高く売りたい」と考えるのが自然です。**株主が社外の親族・親戚に分散してしまっている場合は、**(割合にもよりますが)**交渉が難航する可能性が高いので、それがわかった時点で購入は諦めたほうがいい**かもしれません。

ほかには、**会社に「持ち株会」があり、従業員も株式を保有しているかも確認**しましょう。中小企業ではそうした会社はそれほど多くありませんが、株式を一定数持っていると、何かしらの議決権を行使できる権利があるからです。

自分の思いどおりの経営をしたいなら、株式保有率100%を目指すべきです。どうしても難しい場合は、前述のように最低でも66・7%の保有を目指してください。もし過半数以上の株式を自分に集約できない場合は購入を断念するべきでしょう。

会社を売る側も買う側も、両者そろって株式譲渡に関する認識が甘いと、最後の最後、ふたを開けてみたら「えっ、この株主構成だとそもそも承継は無理ですよね……」ということになりかねません。そんなことにならないように、株式保有者の構成や保有状況は、できるだけ交渉の初期段階で確認しておくことをお勧めします。

第７章まとめ

▶「仕訳日記帳」を整理すれば、その会社の全貌がリアルに明らかになる

▶商品・顧客ごとの「個別採算」を導入すると、収益性の改善策が立案できる

▶取引先の管理、情報整理は承継してから始めるのでは遅すぎる

▶法律と知的財産権への理解の浅さは、突然の倒産を招く可能性がある

▶会社の魅力がどれだけ高くても、株式の整理ができなければ「超友好的M&A」は成立しない

第8章

株式購入の3ステップと購入資金の作り方

相場は無視して購入予算を正直に伝える

■予算は正直にはっきり伝える

本章では、会社購入の最終ステップである「会社購入の方法（株式購入の手順）」と「購入資金の作り方（資金調達方法）」について解説します。

会社購入における株式購入や購入資金の調達にはさまざまな手法があります。とくに株式購入の方法や手順は、敵対的買収か友好的買収かによって異なります。ここでは、「超友好的な株式購入における理想的な手法」を中心に紹介します。

まずは「会社（株式）購入の方法・手順」についてです。

前章でも説明しましたが、「会社を買う」＝「会社の株式を買う」ことです。

購入対象となる会社の社長が、１人ですべて（１００％）の株式を保有している場合はその社長と、株式が何人かに分散している場合は株主全員と、株式売買（譲渡）価格を交渉する必要があります。

ここで忘れてはならないのは、これまで再三お伝えしているように「通常のM&Aでは売買価格は相場観に左右されるが、超友好的な購入では相場は関係ない」ということです。したがって、「**こちらの希望購入価格（予算）を正直に話して、相手の販売希望額とすり合わせる**」のが基本です。

ちなみに、M&Aにおける会社売却（株式譲渡）の相場価格は、「**純資産＋（営業利益＋役員報酬）×2〜5年」という計算式で算出するのが一般的**です。価格交渉のさい、そうした相場価格を提示してくる経営者がいても、無視して強気で交渉に挑んでください。超友好的な会社購入では、売り手と買い手の話し合いで価格を決めるので、場合によっては「無料（0円）」で会社を買えることもあるのです。

お互いの信頼関係をベースにした超友好的な会社購入においては、お互いの腹の探り合いをするよりも、**「これくらいまでなら出せます。それ以上は無理です」と予算を明確に伝え、腹を割って交渉するほうが話がスムーズに進みます。**

身内のように会社を承継する場合、「どちらが得するか損するか」といったお金の問題よりも、「まずは会社を存続させること」が一番重要なはずです。その点で両者が同意していれば、「いくらでないと売れない」といった話にはならないでしょう。

■「超友好的な会社購入」ならではの交渉法

相手経営者など既存株主と株式売買価格の交渉をするさいには、彼らへの**継続報酬や新たな役割など、プラスαのメリットも加味して**（トータルのバランスを見て）、**購入金額を交渉・調整してください。**

超友好的な会社購入では、前述したように、前経営者に（経営権限を持たない）会長や相談役などの役職で会社に残ってもらうという選択肢があります。その場合、「承継後も何らかの形で報酬を払います。ついては購入価格をもう少し下げてもらえませんか？」といった交渉もできるのです。

たとえば、相手経営者が「会社を譲って完全に引退するなら、最低3000万円はほしい」と言ってきた場合、一般的なM&Aなら3000万円準備しないとその会社を買えません。しかし超友好的な購入なら、「とりあえず1000万円しか払えませんが、残りの2000万円は、年間400万円を5年間払うので、会長職または顧問職としてがんばってもらえませんか？」と交渉できるのです。

株式の売買価格が決まったら、既存株主から購入側への株式譲渡を行うわけですが、本項冒頭でも述べたように、株式購入方法にはさまざまな手法があります。一般的な上場企業の敵対的買収の場合、相手企業の同意を得ないまま短期間で株式の多くを買い集めます。しかし、超友好的な購入では、そうした購入方法はあり得ません。

私がお勧めする超友好的な株式購入方法は、「**まず購入予定の会社の役員になって仕事で成果を出しつつ、ほかの役員や社員との信頼関係を築きながら、徐々に**（段階を踏んで）**株式を買っていく**」というものです。

このように、**企業の経営陣**（役員など）**が、既存株主**（経営者など）**から株式を購入することを「MBO**（マネジメント・バイアウト）**」**といいますが、この後紹介する株式購入方式は、このMBO式の購入方法です。このMBO式の会社購入方法にはさまざまなメリットがあるのですが、くわしくは後ほど解説します。

ステップ①「株式の一部」を買って、株主として経営参画する

■会社を購入する3つのステップ

超友好的な会社購入では、一気に株式を買うのではなく、つぎのようなステップで進めていくのが理想です。

ステップ①「株式の一部」を買って、株主として経営参画する
ステップ②「株式の過半数」を買って、会社の舵取りを任せてもらう
ステップ③「残りの株式」を買って、現経営陣に引退してもらう

ここでポイントとなるのは、「株式の譲渡」だけでなく、並行して「代表取締役への就任」や「現経営陣の退任」などの権限移譲も、段階を踏んで徐々に進めていくことです。

通常のM&Aなら、多くの場合こうしたステップを踏む必要はありません。しかし、絶対的な信頼関係をベースにした超友好的な購入では、**会社購入の最終段階においても「身内のような感覚」で、株式譲渡と権限委譲を行うことが大事**です。

■持ち株比率で「何ができるか」が変わる

ここからは、ステップごとにくわしく説明していきますが、その前に、基本的な知識として「**持ち株比率**」と「**株主の権利**」**について理解しておく**必要があります。「株式と議決権の基本的な考え方」については第7章でも簡単に説明しましたが、ここではもう少しくわしく解説します。

持ち株比率と株主の権利、つまり、何%の株式を保有していれば、何ができるのかは、会社法によりつぎのように定義されています。

- 持ち株比率が1%を超える株主：株主総会における議案請求権
- 持ち株比率が3%を超える株主：株主総会の招集請求権、会計帳簿の閲覧請求権
- 持ち株比率が33・4%（1／3）を超える株主：株主総会の特別決議を単独で否決する権限

●持ち株比率が50％（1／2）を超える株主：株主総会の普通決議を単独で可決する権限（取締役の選任・解任、監査役の選任、計算書類の承認など、会社の意思決定の大部分を自ら行える）

●持ち株比率が66・7％（2／3）を超える株主：株主総会の特別決議を単独で可決する権限（定款の変更、監査役の解任、合併・会社分割、事業譲渡など、実質的にほぼすべての経営判断を独断で行える）

会社購入では、よけいなトラブルを回避するためにも、持ち株比率と株主の権利について熟知しておきましょう。たとえば、持ち株比率に関するトラブルで、つぎのような例があります。

水のプラント事業会社アクアスに入社した新宅和彦さんは、その後、ある大手商社の社内ベンチャーに出向したのですが、さまざまな問題から、同社は民事再生に。新宅さんは、残された従業員の雇用を守るべく、事業を引き継いで新たに法人を設立して経営者になりました。このとき、株式50％の保有を条件に、社内ベンチャー事業部の管理部長を招いて、経営や資金調達などの管理面を任せたのですが、その後、経営方針の相違などで意見対立。結局、株式売却を行い事実上会社分割となりました。

新宅さんは、「持ち分50％ずつの共同代表にしたことで、方向性の違いでトラブルになった。50：50は美しい形に見えるが、決定権がどちらにもなく経営が難しい。株主構成や

「持ち株比率」と「株主の権利」のルール

持ち株比率１％を超える株主
株主総会における議案請求権

持ち株比率３％を超える株主
株主総会の招集請求権、会計帳簿の閲覧請求権

持ち株比率33.4％(1/3)を超える株主
株主総会の特別決議を単独で否決する権限

持ち株比率50％(1/2)を超える株主
株主総会の普通決議を単独で可決する権限
取締役利益の選任・解任、監査役の選任、計算書類の承認など、会社の意思決定の大部分を行える

持ち株比率66.7％(2/3)を超える株主
株主総会の特別決議を単独で可決する権限
定款の変更、監査役の解任、合併・会社分割、事業譲渡など、実質的にほぼすべての経営判断を独断で行える

持ち分比率に関しては、十分に検討したうえで配分を決めたほうがいい」と言います。

株式を買う場合は、この持ち株比率と株主の権利を把握したうえで、まずは、3％から33・3％（1／3）未満の株式を取得し、つぎに1／3を超える株式取得を目指しましょう。ちなみに、「株主総会の特別決議を単独で否決する権限」はかなり大きな権限なので、株式を1／3以上保有することの意味は非常に大きいといえます。

持ち株比率が33・4％（1／3）を超えたら、つぎは50％（1／2）超えを目指しましょう。持ち株比率が5割を超えたらつぎに66・7％（2／3）、最終的に100％を保有すれば、株式の購入作業は完了です。

■株の一部を買って役員になる

さて、話を本題に戻して、ステップ①についてくわしく説明します。ここでは、まずは会社購入のレールに乗せるために、とりあえず**株の一部購入を行い、それと同時に「取締役などの役員に就任」**しましょう。最初に「株の一部を買い、役員になる」、そして「自ら主導して役員会を開催する」ことで、ほかの役員や従業員から「この人が次期社長になるのだ」という意識・認識を持ってもらうことが重要です。

多くの小規模企業（製造業等なら従業員20人以下、商業・サービス業なら従業員5人以下）では、定期的に役員会を開いて、役員会を軸にＰＤＣＡを回し、予実管理（予算と実績の管理）をしていくことが、あまりしっかりと行われていません。次期経営者として代表取締役に正式就任する前に、まずは経営の主導権を握ってこうしたことを実施し、実際に経営をリードしていく姿を周囲に見せることが重要です。

株式の一部保有と役員就任によって、とりあえず最終ゴールである経営者（代表取締役）就任への第一歩を踏み出したわけですが、慌ててステップ②に進んではいけません。株式の一部保有と役員就任は、あくまでも「形式的な権威・権限」を獲得しただけに過ぎないからです。

ここで重要なのは、そうした**「形式的な権威・権限」だけでなく、同時に「実質的な権威・権限」も獲得する**ことです。実質的な権威・権限の獲得とはどういうことでしょうか？それは、現経営者や役員、社員たちから「この人は経営者にふさわしい実力・能力を備えている」「この人なら次期社長になってもついていきたい」と思ってもらえるような、目に見える成果を発揮し認めてもらうことです。そのためには、たとえば、**特定の部署や事業部を任せてもらって、大きな成果を上げる必要があります。**

私がクリエイトマネジメント協会で役員に就任したときにも、同社の研修サービスを、自分が社労士として持っていた顧客に勧めて売ったり、それまで1つしかなかった提携先のお寺を増やして、1年で売上を1・5倍に伸ばしたりしました。こうして誰もが認める成果を出して初めて、「この人なら経営を任せてもいいな」という空気感を醸成でき、「実質的な権威・権限」（人を動かす力）を獲得できるのです。

この**実質的な権威・権限の獲得は、株式の過半数購入前に行っておく**必要があります。いくら形式的な権威・権限のみを手に入れても、成果を発揮して認められないままだと、つぎのステップへスムーズに進むことができないからです。

また、株式の過半数購入の前に「一部購入」というステップを踏むことは、スムーズな承継のためには非常に重要です。小規模企業の場合、社長が100％の株主であるケースがほとんどです（分散していたとしても数人の親族のみ）。そういう状況では、いわゆる「物言う株主」がおらず、社長は自分がやりたいように経営してきたはずです。そこにいきなり自分以外の大株主が現れ経営に参画してきたら、当然、抵抗感や反感を覚えます。まずは、自分以外の株主が存在する状況に慣れてもらい、その状況を受け入れてもらうためにも、いきなり過半数ではなく、数％、数十％の株式保有から始めるのがベストなのです。

「実質的な権威・権限」も獲得しておく

形式的な権威・権限

株式の
一部保有

役員就任

これだけではつぎのステップにスムーズに進めない

実質的な権威・権限

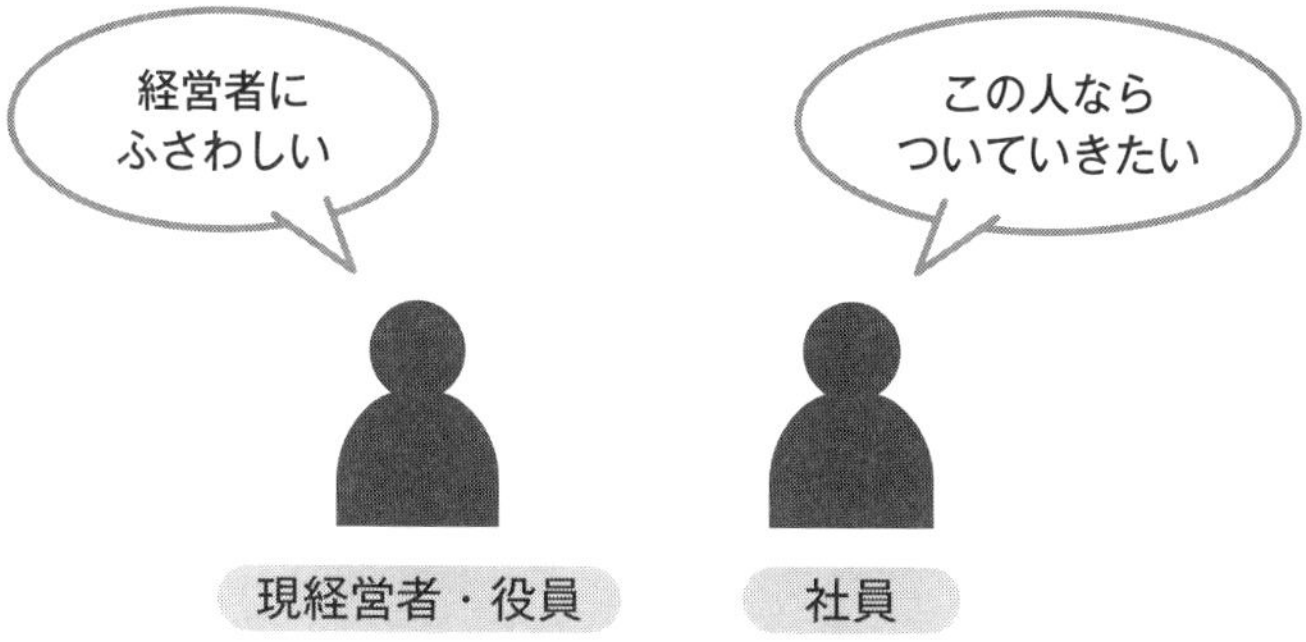
経営者に
ふさわしい
この人なら
ついていきたい
現経営者・役員
社員

株式の過半数を購入する前に、
成果を上げて、実力・手腕を認めてもらう

ステップ②「株式の過半数」を買って、会社の舵取りを任せてもらう

ステップ①で株式の一部を保有して役員になったら、ステップ②では「株式の過半数」を購入して、会社の舵取りを任せてもらう（実質的な経営トップに立つ）段階に進みます。

ステップ①からステップ②に進むために、どれくらいの期間を要するかはケースバイケースですが、私の場合（クリエイトマネジメント協会承継の場合）は、役員になってから約半年後にステップ②に進みました。

このステップ②で行うべきことは、大きくつぎの４つです。

1「株式を過半数」買う

まず株式購入についてです。ここではステップ①で買った株に加えてさらに多くの株を買って、株式保有率を50％（１／２）超えにします。前述したように、過半数以上の株を保有すれば、ほぼ会社の経営権を掌握したといえます。

2 「代表取締役（社長）」に就任する

過半数の株式を取得したら、そのタイミングで役員（取締役）から代表取締役（社長）に移行するといいでしょう。同時に、現経営者には代表取締役会長などになってもらうのが理想的です。

ちなみに、「代表取締役」とは法律（会社法）で定められた「株式会社を代表する権限（代表権）を有する取締役」、つまり会社の最高責任者のことです。代表取締役は1人でなければならないという決まりはないので、この時点では「代表取締役会長」と「代表取締役社長」という2人の代表取締役が存在することになります。

3 現経営者に「会長（代表取締役会長）」になってもらう

第5章（193ページ）で、前経営者のポジションは、「代表取締役会長」ではない「会長（代表権がない名誉職としての会長）」になってもらうのがお勧めだと述べましたが、それはつぎのステップ③で行ってください。この時点では、まだ現経営者は会社の株を一部保有していますし、いきなり経営に関する権限のないポジションに追いやるのは、相手も心情面で納得できないはずです。

会社の舵取りを任せてもらうまでのプロセス

1「株式を過半数」買う

↓

2「代表取締役（社長）」に就任する

↓

3 現経営者に「会長（代表取締役会長）」になってもらう

↓

4 現経営陣（役員）に「引退の準備」をしてもらう

4 現経営陣（役員）に「引退の準備」をしてもらう

これもステップ②の重要なポイントです。ここでいう引退とは、会社を辞めてもらうことではなく（もちろん退職希望の人には辞めてもらって構わないのですが）、あくまでも権限をなくし（株式保有をなくして役員から降りてもらい）、本人希望も聞きながら、相談役や顧問などの名誉職になってもらうという意味です。「準備」とは、平たくいえば「まずは、その人がいてもいなくてもいい状態（ただし、いてもらうことによるメリットを残しつつ）」にしておくことです。

前述したように、現経営者が引退するなら自分は会社を辞めたい、と考えるナンバー2もいます。その場合は、このタイミングで明確に退職の時期を決めたり業務の引き継ぎをしたりして、引退の準備を進めてもらいましょう。

■センシティブな局面は慎重に進める

ステップ①からステップ②へのプロセスは、現経営者と役員の権限と、彼らが保有している株式を少しずつ取り除き、自らが新社長になるという、いろいろな意味で非常にセンシティブな局面です。ここで重要なのは、先ほど話した「形式的権威・権限」と「実質的な権威・権限」の2つを、現経営陣からどう緩やかに、友好的かつスムーズに取り除いていくかです。**やり方を一歩間違えると反感を買ったり、その後の経営に影響するようなトラブルが発生する可能性もあったりするので、慎重に事を進めましょう。**

また、ステップ②の肝は、株式を過半数購入して自らが代表取締役に就任しながらも、現経営者を株主として残して、相手に「忠義を示す」ことです。

株主でなくなれば株主総会にも出られませんし、取締役でなくなれば取締役会にも出席できません。いきなり何の権限もなくなってしまうと、人によっては「権限ロス」のような状態になりかねません。多くの経営者には、「すべて自分で決めて自分で動かせるのが当たり前」という感覚が染みついています。それが、ある日いきなりなくなってしまうのは耐えられないのです。

重要なのは、形式的な権威・権限（株式保有と役職）の獲得を優先させないことです。先に形式的な部分のみを強引に進めてしまうと、問題が起こる可能性があるので注意しましょう。

ステップ③「残りの株式」を買って、現経営陣に引退してもらう

■前経営者には「協力者」として残ってもらう

ステップ③は、「残りの株式」をすべて買って（株式保有率100％にして）、現経営者と経営陣（役員）に完全に引退してもらう、会社購入の最終段階です。ここでいう「完全な引退」とは、「株式を保有せず、取締役などの役職もつかない名誉職になってもらう」、または「（希望者には）退職してもらう」ことです。

残りの株式をすべて保有した時点で、ようやく「単独代表（代表取締役が1人の状態）」になることができます。

ここで、現経営者も役員も、実質的な議決権・経営権をいっさい持たない状態になるわけですが、忘れてはならないポイントが1つあります。それは、経営から外れてもらいいな

がらも「引き続き協力的に経営に関わってもらう」ことです。

これまで、超友好的な会社購入のメリットは、「相手の経営者が、譲渡に対して採算度外視で協力してくれる」「人脈や経営手法も含めて継承できる」「購入後も、前経営者からのフォローを受けられる」ことだと述べてきました。

こちらとしても、引き続きできる限り経営をサポートしてもらいたいわけなので、ここで「今後いっさい、経営にはノータッチ」という状態にしてしまうのは得策ではありません。「引き続きフォローをお願いします。」しばらくは社長の協力がないとやっていけないので」とお願いし、当面の間、協力者として会社に残ってもらうのが理想的です。

ちなみにこの場合、**月額10万円から30万円程度の報酬を顧問料などの名目で支払うのが一般的**です。

ここまで説明した3ステップを踏んで、株式を買って社長となり、登記など必要な手続きを済ませれば、晴れて会社購入は完了です。

敵対的買収では、ここでお話しした作業を一気に済ませてしまうケースが多いでしょう。

また友好的買収であっても、この3つのステップを踏まずに、2ステップ、場合によっては1ステップですませてしまうことがあるかもしれません。

しかし、先に理由を説明したとおり、３つのステップで会社購入を進めていくのは、親族内承継のように会社を譲渡する超友好的な会社売買においては必須です。

■トラブルを避けるためにもゆっくり引き渡しする

これは中古住宅の売買にたとえるとわかりやすいかもしれません。

もしあなたが引越し先として中古の一軒家を探していて、いい物件が見つかったとします。正式に購入が決まったら、お金を支払い、引き渡し日を決めて、前オーナーは契約で決まった日までに荷物をまとめて出ていかなければなりません。

しかし、親から子どもに家を譲る場合なら、親は「しばらく一緒に住んでみて、気に入ったら買えばいいよ」と言ってくれるかもしれません。一方の子ども側も「とりあえず同居してみて、親が今後どうするか（同居か別居か）はゆっくり考えればいい」と考えるでしょう。

また、あなたが住み始めた後に雨漏りなど不具合が発生した場合、他人から買った家なら自分の責任・費用で修理することになるでしょう。しかし親子間なら、親が「ごめんごめん、それはこっちで直すよ」と言ってくれるかもしれません。

超友好的な会社売買の場合も、明確に線引きをして、「はい、この日で受け渡し完了です」としてしまうのはお勧めできません。同居期間を設けてゆっくりと引き渡しすれば売る側も買う側も十分に納得しながら、双方ストレスなく会社の受け渡しができるはずです。

また、まず役員として会社に入ってから株式譲渡することは、買い手側にとって、さらに大きなメリットがあります。それは、株式を買う際、「少ない自己資金で買うことができる」ことです。

その点については、次ページ以降の「購入資金の作り方（資金調達方法）」のパートでくわしく説明します。

「お金がないと会社が買えない」は大きな勘違い

■お金がなくても安く買える会社はたくさんある

ここからは、会社（株式）購入のための資金をどのように調達するかについて解説します。まず大切なのは、**「お金がないと会社は買えない」という思い込みを捨てる**ことです。「お金がなくても安く買える会社はたくさんある」からです。

ただし、「安い会社を買ったら多額の借金があり、購入後に大損した」などというケースもあるので、第4章から第7章で解説したスクリーニングの段階で、しっかりと会社の品定めをしておく必要があります。

第1章で、「超友好的な会社売買では、基本的に売り手と買い手の話し合いで価格を決める」と述べました。実際に「0円」で譲渡された会社の事例も、いくつか紹介しましたが、世のなかには本当に0円で買うことができる会社がたくさんあります。

ここで、みなさんのなかには「なぜ、0円で会社を買えるのだろうか？」と疑問に思う人がいるはずです。その理由はいたってシンプルです。それは、そうした**0円の会社のほとんどが、「債務超過の会社（赤字の会社）」**だからです。

会社が持っている資産から負債（借金）を差し引いて、「ゼロまたはマイナス」になる場合、その会社の価値（査定価格）は0円かマイナスになります。こうした会社は「0円」「1円」といった金額で売買されるのです。

■「0円」で会社を買うなら赤字覚悟で経営する

金融機関からの借入がたくさんある会社の経営者は、非常に大きなプレッシャーを感じています。

「このまま経営を続けても売上・利益が先細りで、金融機関が追加融資してくれる可能性が低く、資金が枯渇する可能性がある。しかも、借金は返していかないといけない」

「自分が債務保証の連帯保証人になっているので、万が一倒産したら身ぐるみ剥がされてしまう……」

そういう悩みを抱えている経営者の多くは、「0円でもいいから早く会社を人手に渡したい」と思っているのです。

このような「無償譲渡会社」を買うなら、当然、購入資金を準備する必要はありませんが、0円で買えるからといって「ラッキー！」と喜んでばかりはいられません。負債も込みでその会社を買うわけですから、現社長に代わって、今度は自分が借入の連帯保証人にならないといけません。

当然ながら、買った後にその会社を立て直して経営を軌道に乗せ、黒字化させる必要があります。経営がうまくいかず、債務超過を解消する前にさらに業績が下がってしまう可能性もゼロではありませんから、その点も含めて覚悟を決めて購入すべきでしょう。

ただし、最初から経営不振の会社とわかっていて、あえて買うわけですから、「このマイナスは、ある意味、会社の伸びしろである」と捉えて経営に挑むべきでしょう。一般的には会社を創業するときは、最初の数年間は赤字覚悟で経営します。無償譲渡会社を買うときも、「購入後しばらくは赤字でも、数年で利益を出して債務超過を解消するぞ！」という気概を持って経営すればいいのです。

ちなみに、会社購入のさいに、金融機関と交渉して「経営者が連帯保証人にならなくてもいい借入」に変更することもできます。しかし、自身が連帯保証人になっていようがいまいが、会社を倒産させてしまったら元も子もないでしょう。やはり**無償譲渡会社を買う場合は、負債を何年で完済できそうかを計算したうえで、経営を立て直せる自信と確信を持って購入すべき**です。

いずれにせよ、資金がなくても買える会社は、みなさんが想像する以上にたくさんあることを覚えておいてください。また、次ページ以降で説明するように「自己資金がなくても資金調達する方法」もあります。とにかく「お金がないと会社が買えない」と考えるのは大きな勘違いであることを頭に入れておいてください。

自己資金がなくても購入資金は作れる

■「経営が順調な会社」を買うための「LBO」とは

前項の話で、0円で買える会社はたくさんあるが、そうした会社にはそれなりのリスクがあることを理解してもらえたと思います。

もしリスクを避けたいなら、ある程度、経営がうまくいっている会社を購入するべきです。しかし経営が順調な会社は（相場は関係ないとはいえ）それなりの金額を用意しないと買えません。すでに会社経営していて資金がある人ならともかく、会社員などが個人で会社を買おうと思ったら、自己資金（預貯金）だけでは購入できる案件が限られてきます。

しかし、ここでもう一度「『お金がないと会社が買えない』は大きな勘違い」という言葉を思い出してください。自己資金がないからといって会社購入を諦める必要はありません。自己資金がなくても購入資金調達の方法はほかにもいろいろあるからです。

その1つが「他者からお金を借りる」方法です。たとえば「親戚から借りる」「銀行など金融機関から融資してもらう」「ファンドから出資してもらう」などです。

金融機関から融資を受けて会社を購入する場合、「**LBO**（レバレッジド・バイアウト）」という方法を活用するのもいいでしょう。これはM&A手法の1つで、「**購入対象企業の資産や将来のキャッシュフロー**（資金の流れ）**を担保にして、金融機関などから購入資金を融資してもらう**」というものです。

ここで、先ほどお話しした「いったん役員になってから株式を買っていく」方法（MBO）が生きてきます。つまり、いったん役員になってしまえば、その会社を担保にして、金融機関などから購入資金に充てるお金を融資してもらうことができるのです。

この**LBOやMBOの仕組みを使えば、自己資金がなくても、融資によってある程度大きな規模の会社でも購入できる資金を作ることができます**。ただし、融資は購入先企業（担保にする会社）の資産がそこそこあり、安定したキャッシュフローを持っていることが前提になります。したがってLBOを行うさいには、購入しようとしている会社が、融資を受けられる条件を満たしているかを事前に調べておく必要があります。

「LBO」を使えば資金を作ることができる

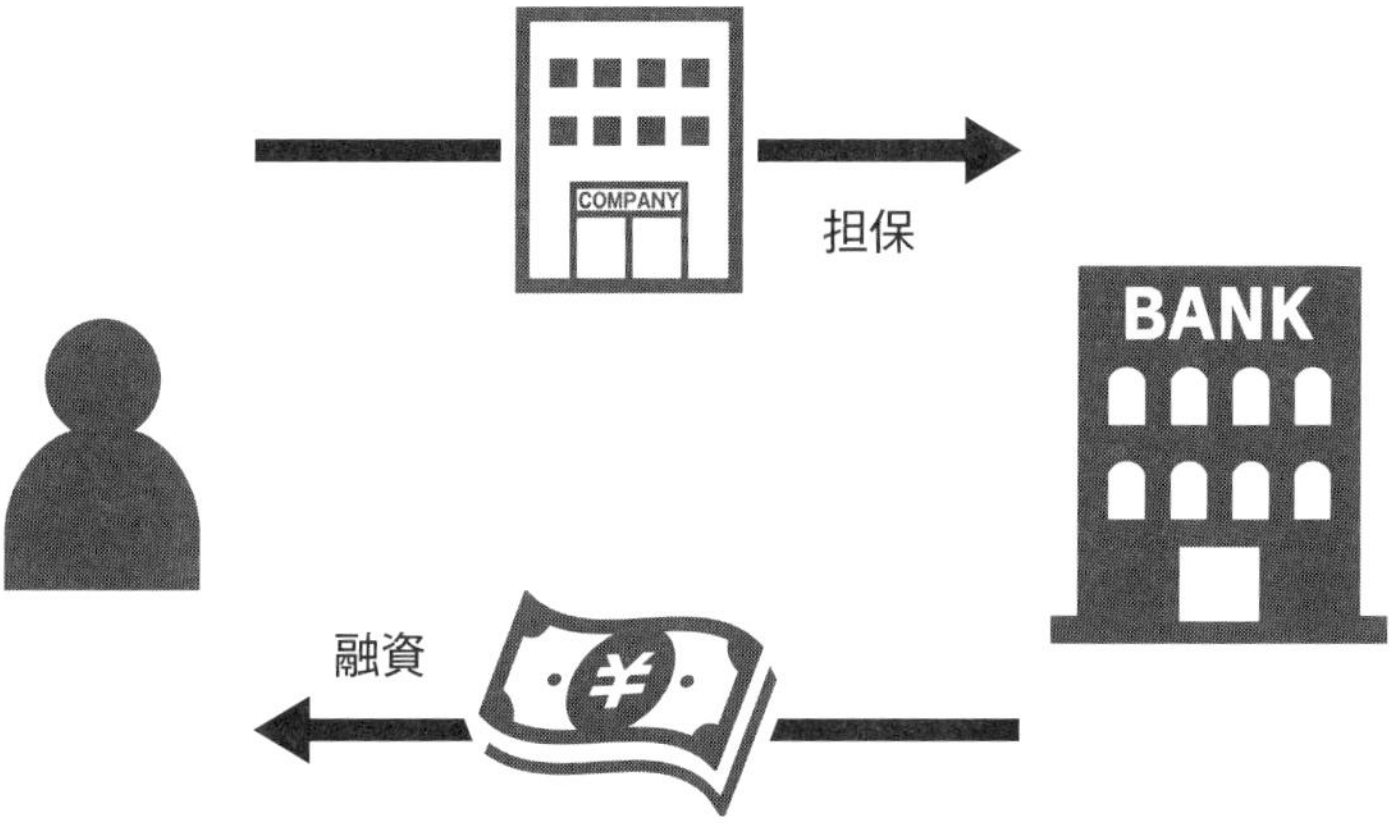

会社の資産を担保にして、金融機関などから購入資金を融資してもらえる（LBO）

■MBOとLBOをセットで行う

超友好的な会社購入では、MBOとLBOをセットで行う、つまり「役員になって株を買い（MBOを行い）、同時にLBOで購入資金を調達する」手法をお勧めします。

実際にこの手法を活用して会社を購入した事例として、ある歯科医院を購入した伊藤浩光さんのケースがあります。勤務歯科医師だった伊藤さんは、歯科医院を5000万円で買って院長（経営者）となりました。このときLBOで資金調達するさいに行ったのが、SPC（特別目的会社）の設立です。

通常、**MBOやLBOを行う場合、購入対象企業の株式購入の受け皿となる会社（SPC）を作るのが一般的**です。そのSPCが金融機関などから借入し、いったん、その会社に株式を移行させていくスキームです。そして、SPCが購入対象企業の株式を取得し終わったら、SPCと購入対象企業を合併させて子会社化するのです。

また、MBOで会社売買されるとき、前述したように実質無償譲渡されるケースもよくあります。

たとえば、「ライジングフード」という会社が経営するラーメン店を店長が無償譲渡してもらい、経営者（代表取締役）になった事例があります。このときの譲渡条件は、「この店舗分の債務保証や厨房機器のリース契約などをすべて引き受けてくれるなら」というものでした。こうした「債務やリースを込みで承継してくれるなら、ただで譲ってもいいよ」というパターンは、飲食店の承継（とくに店長などによるＭＢＯ）では珍しいことではありません。

このように、会社購入においては自己資金がなくても、融資・出資してもらうなどで、資金を調達できます。

ただし、他者からお金を借りる、出資してもらう場合、当然ですが「返済期限が決まっている」「利息が発生する」など、さまざまな責任やリスクが発生します。

購入資金は、ある程度自分で準備したほうが何かと購入を有利に進められるので、会社を買おうと決めたら、可能な限り貯金をするなどして自己資金を準備しておくことをお勧めします。

役員報酬を購入資金に充当することは王道

■役員報酬を会社購入資金に充当する

ここまで、「購入対象会社の役員になってから、その会社を買う」ことのメリットを、とくに購入資金調達の面を中心に説明しました。

そのメリットの1つが、MBOという株式購入方法を使えることですが、会社を買うさいに役員になっておくことには、資金面で大きなメリットがもう1つあります。それは、「役員報酬（または賞与）を、会社購入資金として充当できる」ことです。

この手法を取る場合、大きく2つのパターンがあります。

1つ目は「役員報酬・賞与の一部を、株式購入資金に充てる」パターン。

2つ目は「役員報酬・賞与の一部を、引退する現経営者（株主）の退職金に充てる」パターンです。

1つ目の「役員報酬・賞与の一部を、株式購入資金に充てた」事例として、「トレジャー」というOA機器販売などを行っている会社を買った神木真さんのケースがあります。神木さん（購入時は同社役員）は、現経営者と交渉して「一定以上の成果に対する事前確定の賞与額」を設定してもらい、それによって3年間で貯めた1500万円を、同社株式の購入資金としたのです。

2つ目の「役員報酬・賞与の一部を、引退する現経営者（株主）の退職金に充てた」事例として、鞄作りをメインに展開する製造業を買ったSさんのケースがあります。Sさん（購入時は同社役員）は、自分の役員報酬の月額100万円を月額50万円に減らしてもらい、5年間かけて積み上げた3000万円を、創業者兼株主の役員退職金として充当。会社売買価格は5000万円でしたが、そのうち3000万円を役員退職金として、残り2000万円をその他自己資金で支払ったのです。

このように、**現経営者（株主）が退職しない場合は、役員報酬・賞与を「株式購入資金に充てる」、現経営者（株主）が退職する場合は、役員報酬・賞与を「現経営者（株主）の役員退職金に充てる」のが得策**です。

ちなみに、役員報酬・賞与の一部を貯めておいて「株式購入資金」とするよりも、「役員退職金」に充てるほうが、税金支払い面でのメリットも大きいので、できれば、こちらの方法を選択することをお勧めします。

いずれにせよ、最初に役員になった段階（前述の、株式購入ステップ①の時点）で、担当した事業でがんばって成果を出せば、周囲からの信頼も得られ、同時に会社購入資金も確保できます。購入前に役員になっておくことは、まさに一石二鳥の会社購入方法なのです。このような方法は、超友好的な会社購入における株式購入資金の調達方法としては「王道」ですので、ぜひ活用してください。

■資金がないことを理由に購入を諦めない

ここまで、株式購入の手順と資金調達方法について説明しました。最後に改めて強くお伝えしておきたいのは、「会社を買いたいと思っているにもかかわらず、資金がないことを理由に購入を諦める（お金がないことを言い訳にする）のはやめましょう」ということです。

承継者がいない会社に入って、まずは役員としてがんばる。がんばった成果で得た報酬を資金にして会社を買うこともできるし、金融機関から借りることもできるのです。

とにかく、**「『本気で経営者になりたい！』という強い気持ち」「経営者になる覚悟」**が

あるかないかが成否を分けるのであり、お金のあるなしが成否を分けるのではないのです。
会社購入を目指すなら、ぜひそのことを心に留めておいてください。

ここまでお話ししたことを実践すれば会社購入に関する一連の作業は完了ですが、会社購入は、経営者になってからが本当の勝負です。自分にとっての会社購入のゴール（目的）は何であったかをもう一度思い出し、ぜひ、あなたの「会社購入の目的」を達成するべく、経営に邁進してください。

第8章まとめ

▶相場は強気に無視して購入予算を正直に伝える覚悟を持てば、道は開ける

▶株式の買取と経営参画は、段階を踏むことによりリスクが極小化される

▶「お金がないから会社が買えない」と諦めるのは、買取手法を知らないだけ。自己資金がなくても購入資金は作れる

▶役員報酬を買取資金や現経営者の役員退職金に充当することは王道の流れ

第9章

会社を買った後の経営者としての選択肢

利益を増やして「役員報酬の増額」を目指す

■会社を買った後の3つの選択肢

会社購入は、買った後どのように経営するかが重要です。最終章では、会社を買った後、経営者としてどのような選択肢があるのかについてお話しします。会社購入の目的は人それぞれなので、会社購入後の経営の仕方や会社の扱い方も、その目的によって変わってくるでしょう。

結論からいえば、会社購入後の選択肢は、大きくつぎの3つに分かれます。

① 利益を増やして「役員報酬の増額」を目指す
② 会社の価値を上げた後、「売却」して利益獲得を目指す
③ 会社を「上場」させて事業拡大を目指す

会社員のように副業や独立を目的として会社を購入するなら、ほとんどの人は必然的に①の「役員報酬の増額」を選択することになるでしょう。投資目的の会社購入なら、②の「売却」を、経営者（スモールビジネスオーナー）の場合は、さらに③の「上場」を目指す人もいるかもしれません。

いずれにせよ、会社購入後に目指すべき方向性によって経営の仕方も変わってくるので、**最初から「どこを目指して経営するのか？（ゴールはどこか？）」は自分のなかで明確にしておく**必要があります。

最初に、①の「利益を増やして『役員報酬の増額』を目指す」から見ていきましょう。まず、実際に会社購入後、役員報酬によって収入を増やした例を2つ紹介します。

地鶏焼鳥専門店（チェーン店）を経営する会社の役員だったOさんは、同社が経営する店舗のうち2店舗を買って独立。役員時代は月収80万円だったところ、経営者となり、月額150万円の役員報酬を手にするようになりました。いわゆる「のれん分け」で経営者となったのです。もともとの従業員や役員がこうした「のれん分け」によって経営者に転ずるのは、飲食業界では昔からよくある独立のパターンです。

もう１つ、ある税理士事務所で働いていた税理士の宮里洋利さんが、一部業務を承継して独立した例があります。宮里さんは、そろそろ独立したいと考えていたとき、経営者から「今後はコンサルティングなどに専念したいので、もしよかったらうちの税理士業務を引き継いだらどうか」と提案され、同事務所の主業務を引き継ぎ独立。勤務していた頃は40万円だった月収が、経営者になり役員報酬として月収１００万円にアップさせることができました。ちなみに士業の世界でも、こうした、「のれん分け」に似た事業承継はよくあるパターンです。

ここで重要なポイントは「会社が生み出した利益の配分を決定する権利は経営者にあるので、利益をどう配分するかは経営者の自由」、ということです。この、「自分で自分の取り分を決められる」ことは会社経営の醍醐味の１つです。

ただし、**「株主総会・取締役会での決議が必要」「毎月同額であること」など、役員報酬の決め方や支払い方にはさまざまなルールがあるので、それらに則って決める必要があります**。また、自分（代表取締役）以外にも役員がいる場合は、自分の役員報酬額とほかの役員の役員報酬額をどう配分するかの調整も必要です。

では、会社に利益が出たら出た分だけ、いくらでも役員報酬を増やしていいのでしょうか？　そのあたりは経営者によって考え方が異なると思いますが、私がお勧めしたいのは、

「役員報酬を必要以上に多く取らず、その分、内部留保や事業投資などにお金を回して会社の価値を上げる」というものです。

会社が儲かったら儲かった分だけ役員報酬を多く取りたくなる気持ちはわかります。しかし、必要以上に役員報酬を取るのはあまり得策とはいえません。多額の役員報酬を取って個人的な生活水準を上げても、会社の価値が上がるわけではないからです。もし将来的に会社の売却を視野に入れているなら、当然、会社の価値を上げることを考えるべきです。将来的に会社を売却するつもりがなくても、少しでも企業価値を高め、持続的な成長を目指すのは、企業としての基本的なミッションといえます。

税金などの面で見ても、役員報酬を増やしすぎると、その分「所得税」や「住民税」「社会保険料」が高くなります。日本の累進課税制度（所得が多くなるにつれて課税する税率が上昇する制度）によって、役員報酬を増やせば増やした分、支払う税金も増えていきます。**役員報酬という目先のお金にとらわれず、事業投資などをするほうが、長い目で見れば、結果として経営者が受け取る利益も増える**のです。役員報酬・賞与をどう設定するかは、節税対策ともからんでくる重要な部分です。役員報酬をいくらにするべきか、については税理士にも相談しつつ、適正な金額を設定することをお勧めします。

会社の価値を上げた後、「売却」して利益獲得を目指す

■「売却」する可能性は相手経営者に示唆するのがマナー

つぎに2つ目の選択肢、「売却」についてです。**売却は、投資目的で会社を購入した場合の選択肢**です。買った会社が一定の利益を上げ、一定の規模に成長すれば、その会社を高い値段で売却して大きな利益を得られます。つまり、今度は自分が「売り手」としてM&Aを行うのです。

序章で、初めから投資目的で「FXツールの販売事業」を買い、その後、会社を売却して利益を得た20代会社員Dさんの事例を紹介しました。彼は、事業を購入して3か月ほどで売却を考え始め、いくつかのM&Aマッチングサイトに案件を掲載開始。結局、知り合いの経営者に売却しました。

Dさんは、「『営業利益』と『売却益』を足して100万円を超すラインなら売ろうと思っていた。売却の交渉を進めながら業績を伸ばす努力もして、順当に伸びていたので、これなら早めに売ったほうがいいだろうと判断した」そうです。こうしたケースは、まさに「手堅い投資としての会社購入」の好事例といえます。

ただし、このDさんのようなケースでは必要ありませんが、**超友好的に買った会社を将来的に売却する可能性が高い場合は、相手経営者にそのことを事前に示唆しておいたほうがいいでしょう。**

通常のM&Aであれば、多くの場合、購入後にその会社を売却しようがしまいが買い手の勝手です。しかし、超友好的に会社を購入する場合は、いずれ売却するつもりであることを相手に隠して買うわけにはいきません。それでは信頼を裏切ることになります。**できるだけ早い段階で、遅くとも株式を過半数保有する前には、相手にそうした可能性があることを伝えておくべき**でしょう。

■事前に具体的な数値目標を決めておく

また、会社を売却する意思がある場合は、事前に（会社購入時に）「いつ頃売るのか」「いくらで売るのか」「売却によっていくらの利益を得るのか」をできるだけ明確に決めておきましょう。そのためには、「会社購入後、何年でいくらの利益を出すのか」「どれくらいの事業規模（従業員数や年商額など）に成長させるのか」という具体的な数値目標も立てておくべきです。

売却するのかしないのかを決めずに経営を続け、「どこかのタイミングで売れそうなら売ろう」という考えでは、経営判断として遅すぎます。売却する意思があれば、早めに計画を立て、最初から売却に向けた経営をしていくべきです。

第6章で述べたように、買い手は、その会社の決算書（財務諸表）を見て、安定的に売上と利益が出ている会社かどうか、継続的に成長している会社かどうかをチェックします。したがって、売却価格を引き上げるには、会社の「安定性」と「成長性」が重要になってきます。

■内部留保や事業投資で会社の価値を上げておく

ここでもう一度、会社の売買価格の決め方（相場の出し方）について確認しておきましょう。

一般的にM&Aの会社売却（株式譲渡）の相場価格は、「純資産＋（営業利益＋役員報酬）×2〜5年」という計算式で算出します。つまり、純資産（会社がもともと持っている資産）

と営業利益の金額が大きければ大きいほど、高い金額で会社を売却できるのです。

このほかにも、会社売買価格の算出方法（企業価値の算定手法）はいろいろとありますが、代表的な算出方法に「純資産法」と「ＤＣＦ法（ディスカウントキャッシュフロー法）」があります。

純資産法は、購入対象企業の貸借対照表に計上されている「資産」と「負債」の差額（＝純資産額）をベースに株式評価額を算出する方法です。

一方、**ＤＣＦ法は、現在からある期間までの「将来キャッシュフロー」を現在価値に換算して、企業価値を評価する方法**です。

会社を売却するときには、買い手やＭ＆Ａ仲介会社はこうした評価方法によって、その会社の安定性と成長性をはかり、そこで算出された数字をもとに売買価格の交渉をします。

ここで、前項で述べた「役員報酬を多く取らずに、内部留保や事業投資をして会社の価値を上げておく」ことが重要になってきます。会社を売却するまでに、できるだけ事業投資などで会社の価値を上げておき、購入後の伸びしろ（成長性）を感じてもらわないと、会社を高い金額で売ることはできません。

■自分が会社にいなくても回る状態にしておく

ほかにも会社売却を考えるさいに忘れてはならないポイントがあります。それは「自分（社長）が現場にいなくても、経営が成り立つ状態にしておかないと売却できない」ということです。

たとえば、社長自らが営業のトップとして多くの売上を立てている、現場にどっぷり入ってしまっている、といった状態だと、その社長がいなければ経営が成り立ちません。そういう状態の会社は、買い手から見たら「この会社を買っても経営が大変そうだし、あまり成長性がないな」と判断されてしまうでしょう。

会社購入後に売却を考えるなら、「人手に渡しても（自分以外の人でも）経営できる」状態の会社にしておくべきです。

これは、住宅を購入する場合を考えてみるとわかりやすいと思います。家やマンションを買うとき、「終の棲家にしよう」と思えば、自分が好きなようにＤＩＹしながら住むでしょう。一方、「将来的に誰かに売ろう」と思えば、資産価値を下げないよう気をつけてリフォームしながら住み、「できるだけ高い値段で売却できるように、物件をグレードアップさせていこう」と考えるはずです。会社でいえば、前者が①の「役員報酬の増額をしながら経営し続ける」パターン、そして後者が②の「会社を売却」するパターンです。

■売却して大きな利益を得ることは「悪」ではない

購入した会社を、最初から売却を念頭に経営することは、以前はあまり一般的ではありませんでした。しかし現在、**最初から投資目的で会社を買い、それを売却して大きな利益を得ることは、「経営者としてのがんばりを換金するメジャーな手段」**です。もちろん、会社を自分の子どものように大切に育てて、ずっと保有し続けるのも1つの選択肢ですが、どこかのタイミングで、「自分のがんばりを精算して大きな利益を得よう」という発想を持つことも大切ではないでしょうか。

最近は、買った会社を育てて売却し、再び別の会社を買って会社の価値を上げ、再度売却する、といったように継続的に会社購入を行う人も増えているようです。一度会社を買ってみれば、会社購入のノウハウやコツがつかめます。そこで培ったノウハウを活かして会社を売却し、そこで得た利益も活かしてまたつぎの会社購入を成功させる。そうした、いい循環を生み出すことも可能ですので、意欲がある方は継続的な会社購入にチャレンジしてみるのもいいでしょう。

会社を「上場」させて事業拡大を目指す

■上場のメリットとデメリット

会社購入後の3つ目の選択肢が、「会社の上場」です。

結論からいってしまうと、トータルで考えると会社購入後の選択肢として、「上場」はあまりお勧めできません。上場を目指すよりも前項で説明した「売却」のほうが、リスクが少なく、より多くのリターンを得られる可能性が高いからです。

上場のメリットとデメリットを簡単に説明しておきましょう。

上場のおもなメリットはつぎのようなものです。
- 社会的信用度や知名度が高まるので、資金調達がしやすく、優秀な人材が集まりやすくなる

●株式を市場で売却することで、創業者の利益が増える
●上場のための審査をクリアするために、社内環境の改善、経営体制の見直し＆再構築ができる
●まとまった資金が必要なとき、保有株式を売却してすぐに現金化できる

一方デメリットとしては、つぎのようなものがあります。
●上場のための準備（審査に備えた社内体制の整備など）に、膨大な時間とお金がかかる
●上場後も、多額の上場維持コストがかかる
●多くの株主が経営に関与してくるので、上場前より経営方針の決定スピード、自由度が下がる
●いままで以上に社会的責任が問われるので、管理体制の強化が必要
●他者に経営権を奪われる、買収されるリスクが発生する

「上場」は、かつては会社を購入した後のイグジット（利益を得る手段）として主流でした。しかし、上場するには多くの審査基準をクリアしなければならず、非常に狭き門ですし、上場時にも上場後も多額の費用がかかります。

ちなみに、新規上場にかかるおもな費用としては、上場審査料と新規上場料があり、上

場審査料（市場の種類によって200万円から400万円）、新規上場料（100万円から1500万円）がかかります。これ以外にも登録免許税、準備段階でのコンサルティングや顧問弁護士・税理士費用なども必要となるので、上場するにはトータルで最低5000万円は用意しておく必要があります。上場は簡単にはできない「いばらの道」なのです。

そこまでして上場し、「会社を大きくして、どんどん新しい事業にチャレンジしていきたい！」という事業意欲と覚悟のある経営者ならまだしも、そうでなければ、上場してもそのメリットを十分に享受できる可能性は低いでしょう。実際に、近年、上場企業数は減少傾向にあり、国内の上場企業は2020年時点で全体のわずか0・08％しかありません。

■上場には「理由・覚悟・勝算」が不可欠

上場企業数の減少にはさまざまな原因がありますが、上場によるメリットへの企業ニーズが減っていることも大きな原因の1つでしょう。

「どうしても上場を目指したい！」人を否定するつもりはありませんが、先ほど述べたように、上場はよほどの理由と覚悟、そして勝算がない限り避けたほうが無難といえます。

そもそも、上場に適した企業・業種とそうでない企業・業種があります。

たとえば、経費はさほど増やさずに、売上をどんどんアップできるクラウドサービス系の会社（売上と経費が連動しない業種）なら、上場すればさらに売上を伸ばせるかもしれません。

一方、制作会社や飲食店などの業種では、売上が増えれば経費（人件費など）も増える、といったように売上と経費はつねに連動します。そうした労働集約型の事業・業種は、上場して事業規模を拡大しても、スケールメリット（事業のスケールアップで得られる効果・優位性）が得られにくいのです。

ちなみに、上場する場合の株式市場には、東証一部、東証二部、マザーズ、ジャスダックなどがありますが（２０２２年４月からは、プライム、スタンダード、グロースに移行）、近年、「TOKYO PRO Market（東京プロマーケット）」という「プロ投資家向け」の株式市場も注目を集めています。TOKYO PRO Marketは、従来の株式市場に比べて上場基準が柔軟で、より幅広い企業が上場できるのが特徴です。また、従来の株式市場に比べてスピーディに上場でき、上場準備コストも上場維持コストも安く済むという利点があります。どうしても上場を目指したい人は、こうした株式市場での上場を検討してみるのもありでしょう。

経営がうまくいかないときは「会社をたたむ」という選択肢も

■「試行錯誤」なくして「成功」なし

十分に吟味検討し、「きっとうまくいくはず」と判断して買った会社が、実際に経営してみたらどうも経営がうまくいかない、想定外の出来事で経営が頓挫《とんざ》してしまった、という事態に陥る可能性もゼロではありません。そんなときはどうしたらいいのでしょうか？

　その場合、まずやるべきは**「どの部分がうまくいっていないのか」「解決すべき問題はどこにあるのか」という課題を洗い出し、優先度の高いものから順番につぶしていく**ことです。多くの中小企業の経営課題は、ＰＤＣＡをうまく回せていないところにあります。一度しっかりと計画を立てて実行してみて、もう一度検証してみて、また計画を立てて実行してみる。このようにＰＤＣＡの基本に立ち返ってやってみることが重要です。

トーマス・エジソンには、「電球を作るまでに2万回失敗した」という有名なエピソードがあります。おそらくエジソンは2万回の実験において、「何を調べ、どんな素材を使い、どんな失敗をしたか」をすべて記録していたはずです。その膨大な記録があったからこそ、最終的に歴史的な大発明に至ったのです。

経営も同じです。課題を洗い出し、やってみて、失敗したら検証し、もう一度やってみる。その工程をすべて記録してつぎのチャレンジに活かしていかなければ、いつまで経っても成功はできません。そうやって課題を1つひとつ、つぶしていった結果、どうしてもうまくいかないとなれば、残された選択肢は「会社を売却する」か「会社をたたむ」しかありません。会社売却の方法については前述したので省きますが、「会社をたたむ」方法や費用について簡単に説明しておきます。

「会社をたたむ」とは、飲食店や小売店なら「閉店」することであり、一般的な会社であれば、会社を解散させて「法人格を消滅させる」ことです。会社をたたむか否かの基本的な判断基準は、「資産と負債の状況」です（その会社の状況によります）。

資産と負債の状況を確認し、債務超過が続いていて経営改善の見込みがなく、しかも売却できそうにないなら、会社をたたむことを検討するべきです。

具体的には、**「資金繰りができない」「赤字が継続している」「取引先への支払いができない」「従業員へ給与が支払えない」といった状況であれば、赤信号**といえます。

ちなみに会社をたたむさいには、法律上つぎのような手続きが必要です。

- 会社解散の準備
- 株主総会での解散決議・清算人選任決議
- 解散・清算人の選任を登記
- 会社解散の届出
- 会社解散の公告
- 解散時の決算書類作成・確定申告
- 決算報告書の作成・株主総会での承認

会社をたたむさいにかかる費用は、各種登記などに約7万～10万円で、弁護士や司法書士、税理士など専門家に手続きを依頼する場合は、さらに約30万～40万円がかかります。

■会社を「休眠」させる選択肢もあり

会社をたたむには費用と手間暇がかかります。これを避けるには、会社を「休眠」させる選択肢もあります。**休眠とは、企業活動を一時的に停止すること**です。休眠にする場合、基本的な手続きは規定の書類（異動届出書）を税務署や自治体に提出するだけです。

ただし、ここで説明した、「会社をたたむ（または休眠させる）」という選択肢はあくまでも最終手段です。みなさんには、ぜひ本書で学んだことを参考にして、いい会社を買ってうまく経営して、会社購入を成功に導いてほしいと願っています。

さて、最後に、序章でお話ししたことをもう一度思い出してください。

会社購入は、「あなたの実力次第で価値が上がりも下がりもする、堅実な（リスクの低い）投資」です。承継者問題で困っている会社を超友好的に安く買って、うまく経営する。そして利益と会社の価値を上げ、経営者として役員報酬を増やすべくがんばるか、会社を売却して大きな利益獲得を目指すかは、あなた次第です。

会社購入がうまくいけば、売却側の経営者の人生もあなたの人生も、より豊かなものになるでしょう。さらに広い視野で見れば、会社購入は日本にとって重要な課題である承継者不在問題を解決して、日本の産業界をもう一度元気にする大きな可能性を秘めています。

あなた自身のために、また救世主を求めている経営者とその会社で働く人々のために、そして社会のために、本書を参考に、会社購入に積極的にぜひ挑戦してみてください。

第９章まとめ

▶利益を増やして「役員報酬の増額」が実現できれば、収入アップする

▶会社の価値を上げた後「売却」して利益獲得を目指すことは、現在ではスタンダード

▶買った会社を「上場」させて株式価値の向上と、積極的な事業展開を目指す

▶経営がうまくいかないときは「会社をたたむ」という選択肢もつねに持っておく

五味田匡功（ごみた　まさよし）
事業承継コンサルタント。2007年、会計事務所在籍中に社会保険労務士・中小企業診断士に同年度に合格。会計事務所内での社内ベンチャーとして社労士事務所を立ち上げ、その後独立。Wライセンスを活かし人事・労務設計と共に、ビジネスモデルの改善もサポートすることで関西でも有数の社労士事務所に成長させる。船井総研が主催する社労士による投票で３年連続最も活躍した社労士に選出され表彰される。2020年３月には自ら立ち上げた社労士事務所を事業承継し引退、同時に42年の歴史がある株式会社クリエイトマネジメント協会を承継する。承継を「する側」「される側」両者の経験を活かして、新しい承継モデル「ネクストプレナー」を立案し、日本最大の税理士事務所である辻・本郷税理士法人との共同事業として国、地方公共団体、金融機関と連携しながら普及に邁進している。

会社《かいしゃ》を買《か》って、起業《きぎょう》する。
超低《ちょうてい》リスクで軌道《きどう》に乗《の》せる「個人M＆A《こじんえむあんどえー》」入門《にゅうもん》

2021年12月20日　初 版 発 行
2023年12月10日　第３刷発行

著　者　五味田匡功 ©M.Gomita 2021
発行者　杉本淳一

発行所　株式会社 日本実業出版社　東京都新宿区市谷本村町３−29 〒162-0845
編集部　☎03-3268-5651
営業部　☎03-3268-5161　振　替　00170−1−25349
https://www.njg.co.jp/

印 刷／理 想 社　　製 本／共 栄 社

本書のコピー等による無断転載・複製は、著作権法上の例外を除き、禁じられています。
内容についてのお問合せは、ホームページ（https://www.njg.co.jp/contact/）もしくは書面にてお願い致します。落丁・乱丁本は、送料小社負担にて、お取り替え致します。

ISBN 978-4-534-05891-1　Printed in JAPAN

日本実業出版社の本

下記の価格は消費税(10%)を含む金額です。

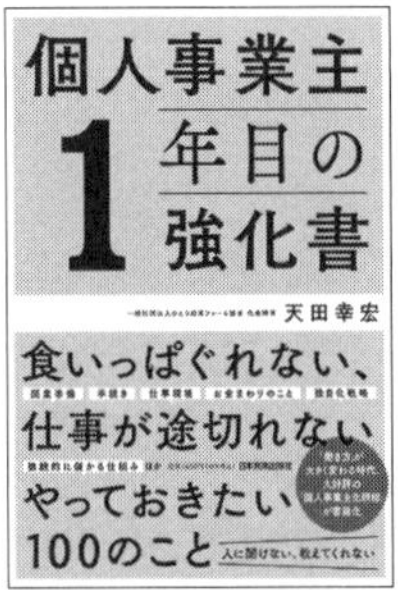

個人事業主1年目の強化書

天田幸宏
定価 1650円(税込)

大好評の研修の内容が書籍に。食いっぱぐれない、仕事が途切れないために、「開業準備」「手続き」「お金まわりのこと」「継続して儲かる仕組み」をはじめ、やっておきたい100のこと。

見るだけで「儲かるビジネスモデル」までわかる

決算書の比較図鑑

矢部謙介
定価 1760円(税込)

ビジネスにも投資にも効く、リアルで面白い決算書分析の入門書。50社以上の同業種または異業種の会社の決算書をシンプルに図解。経営の現実やビジネスモデルを直観的に読み解く方法がわかる。

51の質問に答えるだけですぐできる

「事業計画書」のつくり方

原　尚美
定価 1760円(税込)

事業に関する51の質問に答えるだけで、事業計画書がつくれる！　事例をあげながら、事業計画書、利益計画書、資金計画等の作成の仕方もやさしく解説。フォーマットもダウンロードできる。

定価変更の場合はご了承ください。